Claudia Stürzinger und Esra Voglgsang

Das vergessene Wissen
Die Krippe

Teil 1: Wunder des Lebens

Teil 2: Kalendergeschichten

Kedem-Verlag

1.Auflage: 3000 Stück, 11. November 2011
Bezugsadresse: Kedem-Verlag, Hof Heilenbergen, Wiesenbach 8, 74420 Oberrot
Lektorat: Günther Peer
Mithilfe: Ruth Voglgsang, Gabriele Jenewein
Bilder: Tobias Brendgen, Jael Voglgsang
Satz und Design: Multi2Media, www.multi2media.de
Druck und Bindung: Alpina Druck, Innsbruck

ISBN: 978-3-00-035732-9

Wir beginnen erst zu verstehen, wenn die Worte unser Leben verändern …

„Glaube nicht, dass ich gekommen bin,
die Tora oder die Propheten aufzuheben,
ich bin nicht gekommen aufzuheben, sondern zu
vervollständigen, ja wahrhaftig!
Ich sage euch, dass, bis Himmel und Erde vergehen,
nicht ein Jud oder ein Strichlein aus der Tora vergehen wird
– nicht bis alles, was geschehen muss, geschehen ist.“

(Mathäus 5,17 + 18)

אל תחשבו כי באתי להפר התורה או הנביאים לא להפר באתי כי אם למלאת
כי הן אמנם אנכי מגיד לכם עד אשר השמים והארץ יעברון לא תעבר יוד אחת מן התורה
אף לא קוץ אחד עד כי כלם יקומו

מתתיהו ה׳ יז יח

Inhaltsangabe Teil 1: Wunder des Lebens

3. Kapitel: Die zweite Wende

4. Kapitel: Die dritte Wende

5. Kapitel: Die vierte Wende

Inhaltsangabe Teil 2: Kalendergeschichten

Kalendergeschichten:

Vorwort

Die alten Mythen erzählen, wie in längst vergangenen Zeiten rastlose Fliegen die Einheit des himmlischen Tempels zu zerstören drohten. Da versammelten sich die Spinnen und webten ihr heiliges Netz um den Tempel, um das Vorhaben der teuflischen Fliegen zu verhindern ...

Da es ihnen jedoch nicht gelang, verbrannte der Tempel und zersprang in abertausende Splitter.

Das Urlicht brach in 7 Regenbogenfarben, welche auf die Erde niederfielen und jedem Ding seine Farbe gaben.

Da stellte der Ewige den Menschen, geteilt in Mann und Frau, auf die Erde und gab ihm das Geschenk des Lebens, mit dem Auftrag, die zerbrochene Einheit wieder herzustellen. Sobald der Mensch jedoch die Vielheit erfasste, vergaß er seine Aufgabe und machte sein eigenes Spiel aus dem Leben.

Fern seiner wahren Heimat lebt nun der Mensch und erkennt diese Erde, mit all ihrem farbenfrohen Glanz, als seine Heimat an. Seine Herkunft gerät in Vergessenheit, bis schließlich die eine Frage, die wie ein Siegel in seine Seele geprägt wurde, in ihm wach wird.

Er beginnt sich daran zu erinnern, was er einst verloren hat: die Einheit. Erst dann kann er sich auf den Weg machen, um schließlich zu erkennen, dass ER ein Splitter des himmlischen Tempels ist, dessen Einheit nur der wahre Mensch wieder herzustellen vermag.

Die Erzählung der Krippe ist nichts anderes als die bildliche Überlieferung, wie dieser Weg gefunden und beschritten werden kann, welcher schlussendlich in der erlösenden Einheit (der Geburt des Kindes in der Krippe) endet. Doch nicht damals, oder dort, sondern hier und jetzt, in jedem Einzelnen von uns.

Darum sollten wir uns frei machen von der historischen Vorstellung der Krippengeschichte, und ihre Figuren und Orte als das betrachten was sie wirklich sind: Wegweiser und Urbilder für die gesamte Menschheit.
Die Symbole sind in der hebräischen Originalsprache und ihren Zahlen zu ergründen.

Zum allgemeinen Verständnis möchten wir an dieser Stelle folgendes erklären:

- Die Tora (5 Bücher Mose) ist der Schöpfungsplan dieser Welt und die Kerngeschichte der schriftlichen Überlieferung. Sie ist ein Teil dessen, was man heute irrtümlicherweise als „Altes Testament" bezeichnet.
- Der Erlösungsbericht ist ein Teil der mündlichen Überlieferungen, er wird irrtümlicherweise als „Neues Testament" bezeichnet. Aufgrund der Verflachung des menschlichen Bewusstseins wurde die mündliche Überlieferung jedoch aufgezeichnet, damit ihr Inhalt erhalten bleibt.
- Die Krippenerzählung, welche unter Lukas 2,1-21 und Mathäus 2,1-12 erzählt wird, ist wiederum ein kleiner Teil dieses Erlösungsberichtes.

Dieses Buch besteht aus 2 Teilen:
-Der erste Teil besteht aus einer Geschichte über einen Lebensweg, wie er jedem von uns widerfahren könnte.
- Der zweite Teil umfasst einen Kalender mit 24 Geschichten über 24 Attribute der Krippe. Es sind Beispiele, wie uns Krippenfiguren auch in unserem täglichen Leben begegnen könnten.

Bestimmt wird jedem auffallen, dass in diesem Buch immer wieder Begriffe wie „der Schöpfer", oder „der Ewige" genannt werden. Denn die Überlieferung besagt, dass man DEN Namen des Ewigen nie aussprechen soll, um seine Heiligkeit nicht festzunageln (kreuzigen).

Bei der Annäherung ans Wort muss uns klar werden, dass es weder mit unseren begrenzten Sinneswahrnehmungen noch mit unserer programmierten Denkweise wirklich verstanden werden kann. Egal wie ernsthaft wir das Wort zu analysieren versuchen, ob psychologisch, theologisch, philosophisch, historisch, ethisch, naturwissenschaftlich, sozial ...

Auf diese Weise können wir wohl der äußeren Schale begegnen, doch der wahre innere Kern der Geschichte bleibt uns verborgen. Zwangsläufig landen wir in einer historischen Sackgasse, in der uns die tiefgründigen Wahrheiten des Wortes verschlossen bleiben.
Wenn der Ewige das Wort ist, welches durch den heiligen Geist gesprochen wurde, müsste doch der erste Schritt eines jeden von uns sein, eine Antwort auf die tiefste, jeden Menschen angehende Frage zu suchen:

Was ist der Sinn dieser Geschichte?

Die Frage nach diesem Sinn bewegt uns Autoren seit vielen Jahren. Je mehr uns die Krippenerzählung im eigenen Leben offenbar wurde, desto größer wurde der innere Wunsch, die Freude der Erkenntnis in die Welt zu tragen.
Dieses Buch ist ein Versuch, die Krippe dem Menschen im täglichen Erleben wieder nahezubringen. Die Krippe hat viele Facetten, in denen wir sie nie vermuten würden. Doch wenn wir beginnen zu verstehen, werden wir erkennen, dass sie unser ganzes Leben bestimmt ...

Wir wünschen viel Freude und Erkenntnis beim Lesen!

בראשית היה הדבר והדבר היה
את האלהים והוא הדבר היה האלהים
יוחנן , א א

“Die Hauptsache ist das Wort,
und das Wort ist beim Ewigen
und der Ewige ist das Wort.”
Johannes 1.1

Teil 1
Wunder des Lebens

1. Kapitel
Das Gespräch

Einleitung

In der Welt aus der ich stamme, sind Geschichten ein Teil des täglichen Lebens. Man lernt anhand von altüberlieferten Geschichten das Leben zu verstehen.
Diese „Ge – Schichten" sind nie eindeutig und dennoch entsprechen sie in jeder einzelnen Schicht der Wahrheit.

Wenn eine Geschichte uns surreal erscheint, liegt das nur daran, dass wir die Erzählung mit unserem logischen Denken zu verstehen versuchen.
Aber Geschichten werden erzählt, wie sie aus dem Herzen fließen. Und die Sprache des Herzens beruht nicht auf logischen Tatsachen, sondern vielmehr auf Symbolen und Gefühlen.
Genau wie unsere Träume.

Die alten Geschichten erzählen davon, dass der wahre Mensch in seinem Leben vier Wenden erlebt, in denen er alles Alte verlässt, um in einen neuen Abschnitt einzugehen.
Darum werde ich jetzt einfach anfangen von meiner persönlichen Lebensgeschichte zu erzählen und, wer weiß, vielleicht beginnst auch du plötzlich, dein Leben mit anderen Augen zu sehen …

Wenn du den Zauber der Geschichte erkennen kannst, wird dir klar werden, dass dies auch deine Geschichte sein könnte. An einem anderen Ort. In einer anderen Zeit. Doch im Wesentlichen ähnelt sich jede Lebensgeschichte. Es handelt immer von derselben Sache:

dem „Wunder des Lebens"

Es geschah an einem ganz normalen Tag. Ich könnte nicht einmal sagen, wie es genau anfing. Vielleicht war es das Resultat meines ganzen bisherigen Lebens.
Ich erinnere mich, dass ich an jenem Tag, wie so oft auf dem Fensterbrett in meinem Zimmer saß und die Regentropfen beobachtete, die tränengleich über die Scheiben rannen. Ich fühlte mich als ob ein neuer Abschnitt meines Lebens beginnen würde. Ich war gerade mal 13 Jahre jung und fand es merkwürdig, dass ein „Kind" in diesem Alter schon von einem Lebensabschnitt sprach.
Und doch ließ mich das Gefühl nicht los.

Was war geschehen? Woher kamen all diese Fragen, welche mich gleichermaßen beängstigten wie fesselten? Wo war meine sorgenfreie Kindheit geblieben?
Meine Gedanken drehten sich im Kreis. Wer bin ich eigentlich? Woher komme ich? Was war der Sinn von all dem? Bin ich nur geboren worden, um wieder zu sterben? Jeden Tag derselbe Trott, dieselbe Leere ....

Gibt es wirklich etwas, außerhalb dieser Welt, das all dem einen Sinn gibt? Oder ist das nur eine Erfindung der Religionen, um diese unerträgliche Langeweile zu verdrängen?

Ich dachte über eine Auseinandersetzung nach, die ich mit einem Mädchen aus meiner Klasse hatte. Sie hatte steif und fest behauptet, der Ewige hätte die Welt erschaffen.

Auf meine Frage, wie sie sich da so sicher sein könnte, antwortete sie: „Was glaubst du denn, wie sonst Leben entstanden wäre? Einfach aus dem Nichts?“

Aus dem Nichts. Dieser Satz wiederholte sich immer wieder in meinen Gedanken. Es war mir verständlich, dass Leben nicht so ohne Weiteres entstanden sein konnte. Doch die Vorstellung eines herrschenden Allmächtigen, der sündhafte Menschen bestraft, missfiel mir.

Vehement wurde ich aus meinen Gedanken gerissen. Ohne Vorankündigung öffnete mein kleiner Bruder die Zimmertüre und stürmte mit einem Brettspiel unter dem Arm ins Zimmer. Sein wirres Haar stand wie üblich in alle Richtungen und das freche Grinsen aus seinem zahnlosen Mund brachte mich zum Lachen. Ich umarmte ihn, denn ich war froh, dass ich ihn hatte. Ich fragte mich, ob auch er in einigen Jahren dieselben Fragen stellen würde.

Dachten alle Menschen irgendwann über diese Fragen nach? Oder gab es tatsächlich Leute, die das Leben einfach so hinnahmen, ohne nach einem Sinn zu fragen?

Werde ich auf diese Fragen irgendwann Antworten bekommen, oder werde ich einfach langsam aber stetig verrückt? ...

Das Spiel des Lebens

Einige Wochen später marschierten wir wie Zinnsoldaten in schwarzen Anzügen durch die Allee des Friedhofes. Mein Großvater war an einem Herzinfarkt gestorben. **Es musste ein merkwürdiges Gefühl sein, wenn einem das Herz im Stich lässt, nachdem es ein Leben lang wie selbstverständlich geschlagen hatte.**

Der Mensch sieht vielleicht zu viele Dinge als selbstverständlich an …

Dennoch kommt irgendwann für jeden von uns der Tag, an dem uns alle Kontrolle entgleitet und wir sterben. Spätestens dann sind wir uns alle gleich.

So stand ich also mit meiner ganzen Familie vor dem prächtigen Marmorstein, der Großvaters Grab schmückte. Auch für ihn war ein Lebensabschnitt zu Ende gegangen. Ob ihm dies wohl bewusst war?

Sein letzter Abschnitt endete, während ich meinen ersten antrat. Mir wurde plötzlich klar, dass ich kaum etwas über meinen Großvater wusste. Hatte er jemals über die Dinge nachgedacht, die mich so stark beschäftigten? Vielleicht hätte er mir viele Fragen beantworten können …

Ich bereute, dass ich nicht mehr Zeit mit ihm verbracht hatte. Nun war es zu spät für meine Fragen. Ich nahm mir fest vor, es bei meiner Großmutter anders zu machen.

Die Glocken der alten Kirche spielten Großvaters letztes Lied. Als der letzte Ton in der Stille verhallte, erhob der Pfarrer seine besänftigende Stimme. Er hielt eine lange Rede über das ewige Leben und die Erlösung unserer Leiden. Dann griff er nach einem Pinsel, tauchte ihn in Weihwasser und bespritzte damit zuerst das Grab und dann uns. Ich versuchte damals zu verstehen, wozu er das tat. Die Antwort darauf erhielt ich jedoch erst einige Jahre später, als ich das Sprichwort hörte: „Es muss viel Wasser über den Jordan fließen, bis ich dir vergebe." Es muss also viel Zeit vergehen. Wasser ist das Symbol für die Zeit. Und Weihen ein Synonym für Heilen. Der Pfarrer vermittelte mit seinem Ritual „die Zeit heilt". Sie heilt den Schmerz über den Verlust des Verstorbenen.

Und so war es auch. Nach ein paar Wochen kehrte wieder Ruhe in die Familie ein und der Alltag nahm seinen gewohnten Lauf. Für uns ging das Leben weiter. Nicht, dass er uns nicht gefehlt hätte, aber man musste das Leben mit seinen Veränderungen annehmen.

Nach Großvaters Tod besuchte ich regelmäßig meine Großmutter. Ich hatte das Bedürfnis an ihrem Leben teilzuhaben. Sie nahm meine Anwesenheit dankbar an, denn ihr tat das Reden gut und ich lernte dabei von ihr.

Das Leben bot ihr die Gelegenheit, ihre Vergangenheit aufzuarbeiten und so manche Dinge in einem anderen Licht zu betrachten. Ich gab ihr dazu Raum und Zeit und sie erzählte mir viele Geschichten aus ihrem Leben. Ich bewunderte ihre Art und Weise, wie sie das Gute in ihrem Leben erkannte, selbst in den dunkelsten Zeiten.

Einmal erzählte sie mir von Großvaters Leidenschaft, Schach zu spielen. Sie holte das alte Brett und die Figuren aus dem

Schrank und baute sie auf dem Tisch auf. „Die sind viele Jahrhunderte alt", meinte sie, während sie die kleinen Figuren betrachtete. „Ein Straßenhändler in Venedig hat sie uns verkauft. Er verlangte dafür ein Vermögen. Doch deinem Großvater war das egal. Er wollte sie um jeden Preis. Als ich versuchte ihm klar zu machen, dass der Preis viel zu hoch sei, meinte er nur: ‚Soll er gesegnet sein.' Dein Großvater war es, der mich lehrte Schach zu spielen."
Auf meine Frage, ob sie es mir auch beibringen würde, nickte sie glücklich und meinte: „Schach ist das Spiel des Lebens! Wer Schach zu spielen weiß, wird auch im Leben seinen Weg finden."
Sie erklärte mir: „Die 32 Schachfiguren entsprechen unseren 32 Zähnen, mit denen wir alles verarbeiten, was uns im Leben begegnet. So wie jeder Zahn, hat auch jede Schachfigur ihre Bestimmung. Der König, als wichtigste Figur, verkörpert deine Seele. Die Königin an seiner Seite ist dein Körper, der die Seele beschützt. Die Bauern sind wie unsere tägliche Auseinandersetzung. Verliert man im Spiel einen Bauern, ist es nicht schlimmer als einen Zahn zu verlieren. Hat man jedoch gar keine mehr, ist das Leben schon schwieriger. Der Turm ist der Ort, an den wir uns zurückziehen um unsere Spielstrategie zu überdenken. Der Springer ist unser Tatendrang, der keiner geraden Linie folgt, sondern aus dem Unterbewussten gelenkt wird …"

„Das Spiel des Lebens", rief ich fasziniert aus. Großmutter nickte lächelnd und meinte: „So ist es. **Der Mensch denkt, er könnte sein Leben kontrollieren. Doch zur Hälfte wird es von der anderen Seite gelenkt. Selbst bei der perfektesten Planung kann dir die andere Seite einen Strich durch die Rechnung machen.** Schachmatt", beendete sie ihre Ausführungen und stieß meinen König lachend um.

Eine Woche später besuchte ich Großmutter erneut. An diesem Tag beschäftigte mich eine Frage, die ich ihr nun stellen wollte: „Oma, warum haben so viele Menschen Angst vor dem Tod?"
Sie suchte nach den richtigen Worten und antwortete: „Weißt du, viele Menschen kennen nur das körperliche Leben und glauben, mit dem Tod wäre alles vorbei. Darum versuchen sie alles Mögliche um den Tod zu verdrängen. Doch sie vergessen, dass uns allen der Tod sicher ist. Der Tod ist gut! Er schließt den Kreis des Lebens. Schau, es ist doch auch im Leben so, dass immer etwas Altes sich verabschiedet, bevor etwas Neues entstehen kann …"
Ich dachte eine Weile über die Worte meiner Großmutter nach. Dann sagte ich bestimmt: „Dann kommt jetzt auch für uns etwas Neues!" Wie recht ich damit hatte, konnte ich zu diesem Zeitpunkt noch nicht ahnen.

Unsere Gespräche öffneten mir Türen zu neuen Erkenntnissen und ich spürte allmählich, dass meine vielen Fragen sich zu ordnen begannen. Wenn ich auch noch keine endgültige Antwort gefunden hatte, so erahnte ich zumindest, dass es eine Antwort geben musste.
Ich stand mitten im Leben; meine Geburt lag bereits lange hinter mir und der Tod wartete, so hoffte ich, noch eine ganze Weile auf mich.

Die Schatzkammer der Seele

Dicke Schneeflocken tanzten durch die Luft, bis sie sich sanft auf die Erde niederließen und die Welt wie ein Mantel umhüllten. Es war der erste Sonntag im Dezember und es lag ein besonderer Zauber über diesem Nachmittag. Ich saß auf der alten Eckbank in Großmutters Küche und trank heiße Schokolade. Wenn ich mich bewegte, knarrte die alte Holzbank unter mir und ich fragte mich, wie viele Generationen sie wohl schon getragen hatte ...
Großmutter schob ein Blech in den Ofen und ich konnte es kaum erwarten, die ersten Leckereien zu probieren. Der herrliche Duft frisch gebackener Kekse lag bald in der Luft. Meine Großmutter summte ein Lied, das nie von Menschenhand geschrieben wurde, und ich hörte ihr gedankenverloren zu.
Es war einer dieser Momente, an die man sich ein ganzes Leben lang erinnern wird. Wie ein Eckstein im Fundament des Lebens, der dem Gebäude seinen sicheren Halt gab.

„Lass uns die erste Kerze anzünden", sagte sie und holte ein Zündholz aus dem Schrank. Andächtig hielt sie die züngelnde Flamme an den Docht der ersten Kerze auf dem wunderschönen Adventskranz. Ich kannte dieses Ritual, denn sie zelebrierte es jedes Jahr um diese Zeit. Großmutter waren die alten Traditionen sehr wichtig. Sie erklärte mir, dass Rituale für den Menschen wichtig seien. **„Wenn wir die Traditionen halten, so wie sie uns überliefert wurden, werden wir vielleicht eines Tages ihre tiefere Bedeutung verstehen. Verborgene Wahrheiten liegen in ihnen, die von inneren Schätzen erzählen."**

Lächelnd nickte ich, um ihr zu zeigen, dass ich ihren Worten lauschte.
Da verstummte sie plötzlich und horchte auf, als ob sie etwas gehört hätte. „Komm mit", sagte sie und war schon um die Ecke verschwunden.
Wie ein Wiesel eilte sie die schmale Treppe hinunter, von einer unsichtbaren Kraft getrieben. Ich hatte keine Zeit sie nach ihrem merkwürdigen Verhalten zu fragen und versuchte mit ihr Schritt zu halten. Vor einer alten Holztür, die für Erwachsene viel zu klein schien, blieb sie schließlich stehen. Sie atmete einige Male tief durch, bevor sie den großen Schlüssel ergriff und umdrehte. Mit einem Ruck öffnete sie die knarrende Türe und der Staub wirbelte in alle Richtungen.
Durch die offene Türe kam etwas Licht in die dunkle Kammer und ließ schemenhafte Umrisse erkennen. Einige Spinnen krabbelten aufgeschreckt hinter die Regale. Da standen wir, an der Schwelle der Gegenwart, und schauten in eine längst vergangene Zeit.

Wir standen sehr lange da, bis sich die Staubwolken verflüchtigten und unsere Augen sich an die Dunkelheit gewöhnt hatten. Als ich zu meiner Großmutter blickte, sah ich, dass eine Träne über ihr Gesicht rollte. Was für Geschichten lagen hier verborgen, die sie längst vergessen geglaubt hatte? Wie viele schmerzhafte und freudvolle Erinnerungen mögen in den Kisten

und Schatullen verborgen ruhen? War nun die Zeit gekommen, sie zu neuem Leben zu erwecken? ...
Dankbarkeit erfüllte mein Herz, dass ich in dieser großen Stunde meine Großmutter begleiten durfte. Behutsam setzte sie einen Fuß in die Kammer. Ich drängte mich dicht hinter sie und berührte ihre Hand. Dankbar drückte sie meine Hand und trat noch einen Schritt weiter in die Kammer hinein. Da standen wir mitten in Großmutters Schatzkammer und unsere Augen wanderten über all die verstaubten Schachteln und Kisten, Gläser und Bilder. Mir fiel auf, dass viele Geschenke in der Kammer lagen, die noch nicht geöffnet waren. Und ich wunderte mich, wie ein Mensch so viele Geschenke in seinem Leben übersehen konnte.
Mein Blick fiel auf das handgemalte Bild eines Mädchens. Ich bewunderte die Fähigkeit des Malers, dem Gesicht einen Ausdruck zu verleihen. „Wer ist dieses Mädchen?" fragte ich Großmutter. Lächelnd entgegnete sie: „Das bin ich, als ich etwa so alt war wie du." Ungläubig starrte ich auf das Bild. Großmutter war einst ein Kind, genau wie ich. Als ich nun die Augen des Mädchens näher betrachtete, da erkannte ich tatsächlich eine gewisse Ähnlichkeit. Ich malte mir aus wie ich aussehen würde, wenn ich einmal so alt war wie sie.

Großmutter schaute sich lange um, ohne ein Wort zu sagen. Ich ließ ihr Zeit, denn ich ahnte, dass sich in ihrem Innersten sehr viel mehr abspielte als ich verstehen konnte. Schließlich hatte sie die Kammer für lange Zeit verschlossen gehalten. Da murmelte sie plötzlich etwas Unverständliches und ging zielstrebig auf eine große Kiste zu. Als sie daran zu ziehen begann, wirbelte erneut Staub auf und wir mussten beide niesen. Dann hob sie vorsichtig ein zusammengeknülltes Papier aus der Kiste und faltete es behutsam auseinander. In der ausgestreckten Hand erkannte ich eine kleine geschnitzte Holzfigur. Großmutter weinte und ich streichelte ihr etwas unbeholfen über den Rücken. Ich hatte keine Ahnung, was es mit dieser kleinen Holzfigur auf sich hatte. Es war nur ein Gefühl, dass dies eine der ganz großen Geschichten aus Großmutters Kammer sein musste.

Da riss sie plötzlich den Kopf herum und rief mit verweinten Augen in die Stille: „Die Kekse!". Wir rannten polternd die Treppe hinauf. Ein beißender Geruch kam uns entgegen, der nichts Gutes ankündigte. Großmutter zog die verkohlten Kekse aus dem Ofen und schüttelte den Kopf.

„Man sollte vorsichtig sein, dass man sich nicht zu sehr in Erinnerungen verliert. Sonst brennt einem das gegenwärtige Leben ganz schön an", lachte sie und schaute mich aus ihren treuherzigen Augen an. Beim Anblick der verbrannten Kohlekekse brachen wir in schallendes Gelächter aus.

Keiner von uns bemerkte, dass wir in der Eile die Türe nicht wieder verschlossen hatten. Vielleicht war es ganz gut so; es konnte nicht schaden, dass etwas Wind und Licht die alte Kammer durchflutete und auf diese Weise, das in Vergessenheit geratene ans Tageslicht brachte ...

Die Kraft der Wahrheit

Drei Tage verstrichen, in denen die kleine Holzfigur wie selbstverständlich auf dem Küchentisch lag. Großmutter hüllte sich in Schweigen. Doch einmal ertappte ich sie dabei, wie sie einen verstohlenen Blick auf die Holzfigur warf. Als sie sah, dass ich ihren Blick bemerkte, wandte sie sich schnell wieder ab. Warum erzählte sie mir nichts, wenn sie die Figur so offensichtlich beschäftigte? Also nahm ich allen Mut zusammen und fragte nach: „Oma? Was ist das für eine Figur?"

Obwohl sie die Frage längst erwartet hatte, schien sie erschrocken. „Das ist eine Krippenfigur", sagte sie schließlich. „Wir haben sie früher immer zu Weihnachten aufgestellt, damals, als dein Urgroßvater noch lebte ..." Stirnrunzelnd betrachtete ich die Figur.
Als ich sie hochhob, erinnerte ich mich, dass ich in der Schule einmal ein Bild von einem Stall mit vielen Holzfiguren gesehen hatte. Damals hatte man mir erzählt, es wäre Tradition, die Krippe mit den Figuren zu Weihnachten aufzustellen. Zu meiner Großmutter gewandt fragte ich: „Und warum tun wir es heute nicht mehr?"

Da unterbrach ein lautes Klopfen unser Gespräch. Ein ärmlich gekleideter Mann stand vor der Türe und bat uns wegen der späten Störung um Verzeihung. Er berichtete uns, dass er mit seinem Wagen, nicht weit von Großmutters Haus entfernt, in ein Erdloch gefahren sei und dabei die Achse zu Bruch gegangen wäre. Weil er es heute nicht mehr ins nächste Dorf schaffen würde, suche er nach einer Bleibe für die Nacht. Und höflich fügte er hinzu, ob wir eine Herberge in der Umgebung kennen würden.

Er wusste, dass wir uns weit entfernt von den nächsten Häusern befanden. Doch er wollte nicht aufdringlich sein.
Ohne zu zögern bot Großmutter dem Fremden ein Bett in ihrem bescheidenen Haus an. Sein Pferd könne er in den Stall führen, Wasser und Heu sei zu Genüge vorhanden. Erleichtert bedankte sich der Fremde und meinte, er würde nur noch seine Sachen aus dem Wagen holen und das Pferd unterstellen.

Als er sich entfernte eilte Großmutter ins Gästezimmer und machte das Bett für den Gast. Als sie gerade die Decke glatt strich, stand der Fremde wieder in der Türe.

Kurz darauf saßen wir in der Küche und tranken zusammen Tee. Da richtete der Fremde das Wort an meine Großmutter: „Ich danke Ihnen ganz herzlich für Ihre Gastfreundschaft, gnädige Frau." Er unterstrich seine Worte, indem er sich leicht verneigte.

„Guter Mann, wie hätte ich Sie wegschicken können, zu so später Stunde. Zudem beginnt es schon wieder zu schneien. Sie hätten sich den Tod geholt, da draußen", meinte sie, während sie dem Fremden ein großes Stück Brot vom Laib schnitt.
Zufrieden blickte sich der Fremde in der wohnlichen Küche um. Da erblickte er die kleine Holzfigur.

„Wer liegt denn da? Das ist ja mein Namensvetter!" rief er verwundert aus. Behutsam hob er die Figur in die Luft und betrachtete sie von allen Seiten. Da fragte ich nach seinem Namen und er antwortete - „Josef".
„Josef", wiederholte ich den Namen und die Figur schien mir bereits viel vertrauter. Ich kannte nun ihren Namen und vielleicht konnte mir der Fremde noch mehr über die Bedeutung der Figur verraten.

„Erzähl mir mehr über Josef!" rief ich und hüpfte aufgeregt auf dem Stuhl hin und her. Großmutter und der Fremde lachten über meine große Wissbegierde. **„Da gibt es wahrlich eine ganze Menge zu erzählen. Bestimmt kennst du die Geschichte über Josef und Mirjam (Maria), die jungfräulich ein Kind bekommt. Josef wird in der Geschichte als Verlobter von Mirjam genannt. Doch weil er nicht ihr richtiger Mann ist, und auch nicht der leibliche Vater des Kindes, denkt manch einer, er wäre nicht wichtig für die Erzählung. Doch ich kann dir versichern, dass das Kind ohne Josef nicht erscheinen könnte."** Erzählte er und Großmutter und ich hingen gebannt an seinen Lippen.

„Josef ist wie der Monat Dezember", sagte er weiter. „Der Dezember vollendet die 12 Monate und bringt somit die Möglichkeit, dass das neue Jahr beginnen kann. Und Josef vollendet ebenfalls die Zwölf, damit das neue Kind geboren werden kann. Übersetzt heißt Josef nämlich ‚hinzufügen', denn durch ihn kommt noch einer hinzu. Er ist wie das Ende, das etwas Neues bringt."
Wie merkwürdig, dass ausgerechnet jetzt Josef in unser Leben trat, wo Großmutter und ich so oft über das Ende und den Neubeginn sprachen …
Ich konnte nicht alles verstehen, was er erzählte, doch ich freute mich über das große Glück, dass die Gezeiten dieses Loch in die alte Straße gerissen hatten und dadurch der Wagen des Fremden beschädigt wurde. Denn wäre er nicht in das Loch gefahren und die Achse nicht gebrochen, so wäre er nie zu uns gelangt. Es war großes Glück, vielleicht sogar Schicksal. Denn langsam begann ich zu verstehen, dass es mit dieser unscheinbaren Figur mehr auf sich hatte, als man annehmen konnte.

Großmutter wandte sich fragend zu dem Fremden: „Wollen Sie etwa behaupten, dass die Figuren der Krippe keine historischen Personen sind, sondern Symbole?"
„Ganz genau, gnädige Frau, die Krippenerzählung ist die Geschichte eines jeden Menschen, der auf der Suche nach der Wahrheit ist."
Mit staunenden Augen starrte ich den Fremden an. Diese Aussage war so vollkommen anders, als alles andere, was ich bis dahin gehört hatte. Und dennoch schien mir alles so verblüffend logisch ...
War dies bereits eine erste Antwort auf die vielen Fragen, die mich derzeit quälten?
„Sie schickt der Himmel", flüsterte Großmutter und Tränen stiegen in ihre Augen. Als er sie fragend anblickte, begann sie zu erzählen:

„Es ist viele Jahre her. Mein Vater, also dein Urgroßvater, war Schnitzer. Er hatte viele Aufträge vom Dorf bekommen, denn seine genaue Arbeit wurde von jedermann geschätzt. Doch seine größte Leidenschaft galt den Krippenfiguren. Diese Figur hat er damals auch geschnitzt."
Sie strich der kleinen Figur zärtlich über den Kopf und eine Träne rann über ihr blasses Gesicht. Sie schluckte, bevor sie schließlich weitersprach:
„Mein Vater hat immer gesagt, dass man bei der Betrachtung der Krippe nicht bei historischen Vorstellungen verweilen, sondern ihre tiefere Symbolik erforschen sollte. Die Leute im Dorf beschimpften ihn als einen Irren. Seine Worte seien reine Blasphemie. Doch mein Vater blieb dabei. Egal was die Leute glaubten."

Nach einer kurzen Pause fuhr Großmutter fort: „Voller Freude erzählte er, wie er das Wesen Jeschuas (Jesus) persönlich erlebt hatte. Er bezeichnete jene, welche die Krippengeschichte als rein historische Tatsache betrachteten, als Pharisäer, welche die Dinge nur nach ihrem äußeren Schein beurteilten.

Zuletzt verstieß man ihn aus der Gesellschaft und riet ihm, sich von religiösen Feiern fernzuhalten. Es war ihm gleichgültig. Er blieb seinem Standpunkt treu. Ich wusste nicht, was ich tun sollte. Ich liebte meinen Vater, doch begann ich selbst an seinem Verstand zu zweifeln. Ich flehte ihn an, dem Frieden zuliebe nicht mehr über diese Dinge zu sprechen. Er müsse sich um Himmelswillen für seine Anschuldigungen entschuldigen, damit er wieder von der Gesellschaft akzeptiert werden könne. Zu diesen Zeiten war es eine große Sünde, nicht bei religiösen Anlässen zu erscheinen.

Dennoch blieb er dabei … er sagte mir: ‚Meine geliebte Tochter, bitte verstehe, dass ich das nicht tun kann. Nicht einmal dir zuliebe. Lieber würde ich sterben, als die Wahrheit zu leugnen.' Dabei blieb er, bis zu dem Tag …" Großmutter brach ab und begann heftig zu weinen. Auch mir schossen Tränen in die Augen, denn ich ahnte, was nun kommen würde. Hilflos legte ich meine zitternde Hand auf ihren Rücken. Nach einer Weile griff der Fremde mitfühlend nach Großmutters Hand und forderte sie auf, weiter zu erzählen.

„Eines Tages ging er in den Wald um nach Holz für seine Figuren zu suchen. Er hatte die sonderbare Angewohnheit, stundenlang nach einem geeigneten Holz zu suchen. Dann fragte er das Holzstück, ob es bereit wäre, eine seiner Figuren zu verkörpern", trotz der tiefen Trauer musste Großmutter über seine ungewöhnliche Art lachen. „Kein Wunder, dass die Leute im Dorf ihn für verrückt hielten." Meinte sie und wir lachten alle drei.

„Aber an diesem Tag", erzählte sie mit ernster Miene, „kehrte er nicht vom Holzsammeln zurück. Man sagte, es wäre ein Unfall gewesen. Er hätte sich selbst mit der Axt verletzt. Doch mein Vater war ein begnadeter Holzfäller. Keiner der ihn kannte, glaubte an einen Unfall ..."

Langes Schweigen erfüllte den Raum. Auch der Fremde war bewegt von der Geschichte.

„Er war bereit für die Wahrheit zu sterben", sagte der Fremde mit großer Hochachtung. „Welch unglaubliche innere Stärke muss er besessen haben. Über so große Selbstdisziplin verfügen die wenigsten von uns. Ein wahrhaft großer Mann!"
Seufzend entgegnete meine Großmutter: „Oder einfach nur ein wahrhaftig großer Narr ..."

„Die Gesellschaft nennt ihn einen Narren, weil er für die Wahrheit sein Leben ließ. Doch glauben Sie mir, gnädige Frau, im Himmel ist er ein heiliger Mann, weil er der Wahrheit bis zum letzten Atemzug treu blieb."

Großmutter sah den Fremden nachdenklich an. Man konnte ihr ansehen, dass seine Worte sie zutiefst bewegten. Danach trennten wir uns und gingen schlafen. In dieser Nacht hatte ich wirre Träume. Immer wieder wiederholten sich die Worte des Fremden in meinen Gedanken. Als ich frühmorgens in die Küche schlurfte, saß Großmutter kopfschüttelnd am Küchentisch.
„Was ist los, Oma?" fragte ich verwundert.

Sie drehte sich verwirrt zu mir um und meinte: „Er ist weg. Einfach weg. Als ob er nie dagewesen wäre. Sein Bett war unberührt. Wenn nicht die drei Tassen im Waschbecken stünden, ich würde zweifeln, dass er jemals da war."

Ungläubig rannte ich ins Gästezimmer. Tatsächlich, das Bett sah noch genauso glattgestrichen aus wie am Abend zuvor. Das Handtuch lag unbenutzt auf der Decke. Mich schauderte und erschreckt rannte ich zurück in die Küche. „Was ist hier los? Wer war dieser Fremde?" fragte ich aufgeregt.
Plötzlich nickte Großmutter nachdenklich und meinte dann lächelnd:

„Ich glaube das war ein Engel ..."

Vorfreude

Am kommenden Freitag war die Schule früher aus als üblich. Da es den ganzen Tag schneite, hatte ich einige Mühe, mich durch das Windgestöber zu kämpfen. Trotzdem mir der Wind eiskalt ins Gesicht peitschte, nahm ich den Weg auf mich und besuchte meine Großmutter.
Noch immer brannte mir die Frage auf den Lippen, warum sie die Krippe in den vergangenen Jahren nicht mehr aufgestellt hatte. Kurz vor dem Haus stolperte ich über ein großes Loch in der Straße. Das musste das Loch sein, in welches der Fremde mit seinem Wagen gefahren war ... Obwohl es ihn ja eigentlich gar nicht gab ... Ich konnte das alles nicht verstehen. Vielleicht gab es eben doch mehr zwischen Himmel und Erde, als der Mensch sich eingestand.

Als ich das Haus betrat, rief ich nach Großmutter. Keine Antwort. Ich ging in die Küche, wo sie sich meistens aufhielt, doch auch hier war sie nicht. Ich suchte im ganzen Haus nach ihr, jedoch ohne Erfolg. Wo konnte sie sein? Da kam mir in den Sinn, dass ich an einem Ort noch nicht gesucht hatte: in der Kammer. Wollte sie vielleicht die alten Figuren holen? Ich überlegte eine Weile hin und her, bis ich mich entschloss nachzusehen.

Tatsächlich stand die alte Holztür offen. Überzeugt, Großmutter im Inneren der Kammer zu finden, trat ich ein. „Oma? Wo bist du?" rief ich. Wieder keine Antwort. Ich wollte schon umdrehen, als mein Blick auf die offene Kiste fiel, aus der Großmutter damals die Holzfigur geholt hatte.

Neugierig blickte ich über den Rand der Kiste, doch außer Verpackungsmaterial war nichts zu erkennen. Ich kämpfte mit mir. Ich wusste wie unhöflich es war, in den Sachen von anderen Menschen zu stöbern, doch die Neugierde siegte.

Vorsichtig packte ich die erste Figur aus. Es war ein Hirte mit einem Schaf auf dem Rücken. Sein Fuß war abgebrochen. „Armer Hirte", murmelte ich zu der kleinen Figur, „ hat niemand deinen Fuß wieder angeklebt? Ich werde dir helfen." Und behutsam verstaute ich ihn in meiner Schultasche, um den Fuß zu Hause wieder anzukleben.
Im nächsten Papier war die Figur einer Frau eingewickelt, die schützend ihre Hand erhob. Ich stellte sie auf den Boden und griff nach dem nächsten Papier, bis schließlich 10 Figuren, ein Esel, ein Ochse und einige Schafe vor mir lagen. Sie waren wundervoll. Bei ihrer Betrachtung konnte ich das Gefühl nachfühlen, das mein Urgroßvater für sie empfunden hatte. Doch einige Figuren waren beschädigt und ich entschloss mich kurzerhand, sie alle mitzunehmen und wieder instandzusetzen.

Ich hinterließ alles so, wie ich es vorgefunden hatte. Sogar die Türe ließ ich offen, obwohl ich nicht verstand, warum sie offen war. Es sollte mein kleines Geheimnis bleiben. Dann huschte ich die Treppe hinauf, setzte mich mit einem Glas Limo hinter den Küchentisch und holte meine Hausaufgaben aus der Schultasche. Sorgsam stellte ich die Tasche dicht an meine Seite. Mein Herz war voller Freude, wenn ich daran dachte, was darin versteckt war. Ein bisschen quälte mich jedoch mein schlechtes Gewissen. Wie würde ich das erklären, wenn es jemand bemerkte?

Meine Gedanken wurden unterbrochen, als Großmutter die Küche betrat. Ich fiel ihr um den Hals und fragte sie, wo sie so lange gewesen sei. Da ließ sie sich erschöpft auf einen Stuhl nieder und meinte, sie hätte einen langen Spaziergang gemacht um nachzudenken.

„Übermorgen ist der Sonntag, an dem die zweite Kerze angezündet wird. Wenn ihr wollt, werde ich dir und deinem Bruder die Weihnachtsgeschichte vorlesen", schlug sie vor und ich nickte zustimmend. Ich freute mich darauf, wieder etwas mehr über die geheimnisvollen Figuren zu erfahren. So verabredeten wir uns für Sonntag. Nach einer heißen Tasse Schokolade machte ich mich mit meinem Geheimnis in der Tasche auf den Nachhauseweg.

Zuhause angekommen warf ich die Schultasche nicht wie üblich im Flur auf den Boden, sondern legte sie vorsichtig auf mein Bett. Mein Bruder beobachtete mich dabei und realisierte sofort, dass etwas anders war. „Was hast du da drin?" fragte er neugierig. Als ich gespielt gleichgültig erwiderte, dass es nichts sei, griff er flink nach der Tasche und meinte: „Dann hast du ja sicher nichts dagegen, wenn ich sie fallen lasse." Ich schrie auf, er solle die Finger davon lassen. Siegessicher grinste er mich an. „Ist es eine Katze?" fragte er mich.

Er liebte Katzen und wünschte sich seit Jahren nichts mehr als das. Ich erwiderte, dass er falsch geraten hätte und überlegte, ihn in mein Geheimnis einzuweihen?
Ich beschloss ihm die Wahrheit zu sagen. Es war ohnehin nicht möglich, ein Geheimnis vor ihm zu bewahren. Seine kleinen Hände waren überall und seine Augen sahen alles. Also erzählte ich ihm die Geschichte, ohne jedoch den Fremden und sein sonderbares Verschwinden zu erwähnen. Ich war mir sicher, dass er mich für verrückt erklären würde.

Mit offenem Mund bewunderte mein Bruder die Figuren, als ich eine nach der anderen vorsichtig aus der Schultasche zog.
Wieder spürte ich dieses starke Gefühl für sie, das wohl auch mein Urgroßvater für sie empfunden hatte. Ungläubig stieß mein Bruder hervor: „Und die hat unser Urgroßvater gemacht? Die sind ja schön! Und ich hab auch schon eine tolle Idee!" Er flüsterte mir eine wunderbare Idee ins Ohr, die noch keiner erfahren sollte ...

Am Sonntag saßen wir im Schein der zwei Kerzen bei unserer Großmutter auf dem Sofa. Als Älterer von uns beiden, durfte ich die Kerze anzünden.
Das ganze Haus roch nach den frisch gebackenen Keksen, die diesmal nicht verbrannten. Großmutter hatte den

Kamin eingeheizt und das brennende Feuer verströmte eine herrliche Wärme. Sie holte ein alt aussehendes Buch aus dem Regal und begann uns die Krippengeschichte vorzulesen.
Während sie sprach, blickte ich ins züngelnde Feuer. Es war einer der Abende, die meine Kindheit prägten.
Mein Bruder kuschelte sich dicht an mich und schlief nach kurzer Zeit auf meinem Schoß ein. Jetzt las Großmutter allein für mich. Mein Geist war hellwach und ich versuchte mir die Geschichte zu merken. Jedesmal wenn der Name Josef fiel, hüpfte mein Herz vor Freude. Was doch für sonderbare Dinge geschahen? Es fühlte sich an, als ob ich mich in einem Märchen aus 1001 Nacht befände …

Als ich am nächsten Tag in der Schule saß, bekam ich nicht viel vom Lernstoff mit. Meine Gedanken kreisten ständig über Josef, meinem Urgroßvater und der Krippengeschichte. Ungeduldig wartete ich, bis endlich die Schulglocke läutete und ich mich auf den Heimweg machen konnte.

Ich gab meiner Mutter im Vorbeigehen einen Kuss, und verkroch mich in mein Zimmer. Die Figuren hatte ich versteckt, damit meine Mutter sie nicht finden konnte. Jetzt holte ich sie aus ihrem Versteck und überlegte, wie ich die einzelnen Schäden reparieren konnte. Mit aller Sorgfalt klebte ich dem Hirten seinen Fuß wieder an. Als ich ihn lächelnd anblickte, bildete ich mir ein, dass er zurück lächelte.
Bei einer anderen Figur waren die Farben verblasst. Also nahm ich meine Buntstifte und begann vorsichtig, die blassen Stellen zu kolorieren. Mir war, als ob mir mein Urgroßvater über die Schulter blicken würde. Ich fühlte mich durch diese Arbeit mit ihm verbunden. Sein Werk wurde zu meinem Werk. Laut sprach ich: „Deine Mühe soll nicht umsonst gewesen sein, dafür sorge ich schon!"

„Wofür sorgst du?" hörte ich eine leise Stimme und erschrak. Glücklicherweise war es mein Bruder. Ich bat ihn schnell die Türe zu schließen, bevor noch jemand etwas mitbekam. Man konnte wirklich nichts vor ihm geheim halten.
„Ich repariere Urgroßvaters Figuren", erklärte ich ihm.

„Wir brauchen einen Krippenstall", sagte er kurz und holte eine Zeichnung aus seiner Schultasche.
„Unsere Lehrerin hat uns heute Bilder von Krippen gezeigt. So sollte unsere aussehen." Er hielt mir ein selbstgezeichnetes Bild vor die Augen. Auch wenn nicht viel auf der kindlichen Zeichnung zu erkennen war, rührte mich sein Interesse. In diesem Moment wusste ich, dass es richtig war, ihn einzuweihen.
„Wir müssen in den Wald gehen und Wurzeln und Rinden suchen für die Krippe", sagte er ganz aufgeregt. Ich nickte und lobte ihn für seine tolle Idee.

Mein Bruder und ich waren Feuer und Flamme eine Krippe zu bauen. Nie zuvor hatte ich so ein inneres Feuer erlebt wie in diesem Augenblick. Eilends zogen wir unsere Gummistiefel an und machten uns auf den Weg zum nahe liegenden Wald. Meine Mutter sah uns verwundert nach, fragte aber nicht nach dem Grund.

Mit schleppenden Schritten stapften wir durch die weiße Landschaft und näherten uns langsam dem verschneiten Wald, der in vollkommener Stille vor uns lag. Im Winter schien es, als ob der Wald schlafen würde. Mein Bruder musste dieselbe Empfindung gehabt haben, denn er verstummte als wir den Wald betraten. **Als ob wir durch ein unsichtbares Tor getreten wären, das die Menschenwelt von der Natur trennte.** Mein Bruder zeigte auf einen uralten Baum und flüsterte mir ins Ohr: „An dem Baum hängt eine schöne Rinde. Sie ist schon zur Hälfte abgefallen.
Ich glaube die können wir nehmen, ohne dem Baum wehzutun." Ich staunte über seine Sensibilität der Natur gegenüber und nickte zustimmend, erfreut über seinen Fund.

Wir sammelten einige Tannenzapfen und bald stießen wir auf einen abgestorbenen Baum, dessen Wurzel eine wunderbare Krippe abgeben würde. Ein erfreutes Grinsen lag auf unseren Gesichtern, als wir mit den wunderbaren Naturalien den Wald wieder verließen. Bevor wir das unsichtbare Tor durchschritten, drehte ich mich noch einmal zurück, um ein letztes Mal die Stille des Waldes zu genießen. „Danke", flüsterte ich und trat aus dem Wald heraus.

Zuhause angekommen konnten wir es kaum erwarten, die Krippe endlich zu bauen. Doch das Holz war noch feucht und so mussten wir es einige Tage trocknen lassen.

An einem Nachmittag kam ich etwas später von der Schule nach Hause, da empfing mich mein Bruder ganz ungeduldig an der Türe.
Aufgeregt zog er an meinem Ärmel und flüsterte geheimnisvoll: „Schnell, schnell, es ist trocken."
„Was brütet ihr beiden eigentlich seit Tagen aus?" fragte meine Mutter lächelnd. Sie freute sich, dass wir mit soviel Ideen und Freude in meinem Zimmer bastelten. Ich grinste nur geheimnisvoll, ohne ihre Frage zu beantworten.
Wahrscheinlich erwartete sie Papiersterne für das Fenster, wie wir sie jedes Jahr gebastelt hatten. Ich lachte beim Gedanken an ihr überraschtes Gesicht, wenn unser Kunstwerk erst einmal fertig geworden war.

Tatsächlich war das Holz trocken und sofort begannen wir zu basteln. Mein Bruder hatte bereits alles vorbereitet, was wir dazu brauchten: Schere, Klebstoff, Buntstifte, Papierstreifen, Goldglimmer und einen kleinen Papierstern.
Den ganzen Nachmittag und die darauffolgenden Nachmittage arbeiteten wir solange an der Krippe, bis Mutter uns zum Abendbrot rief und wir alles wieder sorgsam versteckten.

Das Fest der Wahrheit

Mitten in der Nacht erwachte ich. Draußen war es noch dunkel, doch der Himmel war durch den Schnee ungewohnt hell. Leise öffnete ich das Fenster und ein frischer Wind blies tanzende Schneeflocken ins Zimmer. Die Luft duftete herrlich frisch. Von weither trug der Wind das Läuten einer Glocke herbei. Dreimal ertönte der zarte Klang, dann herrschte wieder vollkommene Stille. Ich atmete tief durch.

Wie wundervoll das Leben doch war, so voller Zauber und Überraschungen. In diesem Moment entstand in mir der innige Wunsch, dass ich diese Liebe zum Leben niemals verlieren würde. Selbst wenn mich ein schweres Schicksal heimsuchen sollte, wollte ich nie vergessen, wie schön das Leben eigentlich war.

Ich glaubte nicht daran, dass diese zauberhafte Welt nur in der kindlichen Sorglosigkeit bestand. Wenn ich meine Großmutter beobachtete, konnte ich in ihr die zauberhafte Welt noch immer erkennen, trotzdem sie manchen Schicksalsschlag erlitten hatte. Sie hat nie aufgehört, an die zauberhafte Welt zu glauben. **In diesem wunderbaren Augenblick flüsterte ich in die Stille den Wunsch, sie ebenfalls nie zu verlieren …**

Am nächsten Morgen erwachte ich durch lautes Gelächter. Als ich noch schlaftrunken in die Küche torkelte, sah ich meine Eltern und meinen Bruder am Frühstückstisch sitzen. Mein Blick fiel sofort auf meinen kleinen Bruder, der mit schokoladenverschmiertem Gesicht rief: „Das wurde ja Zeit, du Faulpelz! Heute ist Weihnachten!"

Weihnachten! Wie lange habe ich auf diesen Tag gewartet … Heute war der große Tag, an dem wir alle überraschen würden mit unserem Geheimnis. Meine Mutter verließ bereits nach dem Frühstück das Haus, um Großmutter bei der Vorbereitung für das große Essen zu helfen. Mein Vater spielte mit uns den ganzen Vormittag, bis das Festessen fertig war und wir ebenfalls zu Großmutter fuhren.

Die ganze Familie war da. Die kleine Küche war voll mit Menschen. Es roch herrlich nach köstlichem Essen und eine heitere Stimmung erfüllte den engen Raum. Im Wohnzimmer stand ein grüner Nadelbaum, mit goldenen Kugeln und Kerzen geschmückt, und darunter lagen viele kleine und große Geschenke. Hier war der richtige Platz für unsere Überraschung. Ich stupste meinen Bruder und zeigte unter den Baum. Er nickte wissend mit einem verschmitzten Grinsen.

Als sich alle im Esszimmer versammelten, schlichen wir uns leise ins Wohnzimmer und packten die Krippe und die Figuren aus. Liebevoll bauten wir sie auf und setzten die Figuren an die ihnen zugedachten Stellen. Dann setzten wir uns mit Unschuldsmiene zu den anderen an den Tisch.

Nach dem Essen begaben wir uns alle ins Wohnzimmer, um die traditionellen

Lieder zu singen und die Geschenke zu verteilen. Ein Gemurmel ging durch die Reihen. Großmutter betrat als letzte den Raum und staunte nicht schlecht. Denn ihr Blick fiel sofort auf die wunderschöne Krippe mit den Figuren ihres Vaters.

„Wer war das?" rief mein Onkel und blickte sich mürrisch um. Großmutter blickte zu mir herüber. Als mein Onkel dies bemerkte, schimpfte er: „Bist du von Sinnen? Weißt du nicht, wie viel Leid uns dieses dämliche Zeug gebracht hat? Wie kannst du es wagen, deine arme Großmutter in dem Alter noch so zu beschämen!"

„Nein", rief Großmutter, „es ist in Ordnung. Wir haben der Vergangenheit viel zu lange die Macht über unser Leben gegeben. Es ist an der Zeit, ruhen zu lassen was geschehen ist. Die Krippe ist eine wundervolle Tradition, die tiefe Weisheiten verbirgt."

Mit Tränen in den Augen wandte sie sich an mich und sagte: „Im Namen meines Vaters, deines Urgroßvaters, danke ich dir, dass du seine Wahrheit am heutigen Tag wieder hast aufleben lassen."

Es war vollkommen still. Niemand sagte ein Wort. Schließlich meinte Großmutter: „Ich glaube die Zeit ist reif, über die Worte meines geliebten Vaters nachzudenken. **Viel zu lange haben wir uns in eine Scheinwelt geflüchtet und unsere Augen vor der Wahrheit verschlossen."**

Danach begann Großmutter, die ganze Geschichte über ihren Vater zu erzählen. Ein Teil der Familie hatte keine Ahnung, was damals wirklich geschehen war. Andere wiederum glaubten es zu wissen, hatten aber ein verfälschtes Bild.

So wurde das Weihnachtsfest zu einem Fest der Wahrheit. Bis tief in die Nacht sprachen die Erwachsenen über die alten Zeiten.
Die Krippe stand da, wie damals, und ich hatte das Gefühl, als ob mein Urgroßvater wieder in dem alten Schaukelstuhl sitzen würde, und genüsslich an seiner Pfeife zöge.
Ich hatte den Gedanken noch nicht zu Ende gedacht, da drehte sich meine Großmutter zu mir um und meinte erstaunt:

„Riecht ihr auch diesen Tabakduft?"

2. Kapitel
Die erste Wende

Der innere Kampf

Viele Tage zogen ins Land, von denen einer dem anderen glich. Der Zauber der Weihnachtszeit war längst verflogen und eine gewisse Leere machte sich in mir breit. Das Feuer der Vorfreude war erloschen und machte der Langeweile Platz. Ich erlebte ein Wechselbad der Gefühle.

Bereits im Kindergarten hatte ich die Erfahrung gemacht, dass ich mich wochenlang auf ein Ereignis freute, doch wenn es vorüber war, trat eine Leere ein. Warum war das so? **Es musste doch eine Freude geben, die nicht vergänglich war. Ich sehnte mich nach dauerhafter Freude und Erfüllung …**

Während ich so nachdachte, hüpfte mein kleiner Bruder singend ins Zimmer. Er hielt ein Spielbrett unter dem Arm und forderte mich zu einem Spiel auf. Als ich ihn mürrisch wegschickte, senkte er seinen Kopf und ich fürchtete, er würde zu weinen beginnen.
„Du bist gar nicht mehr der lustige Bruder, den ich einmal hatte", flüsterte er traurig und rannte schluchzend davon.
Seine Worte zerrissen mir fast das Herz. Tränen füllten meine Augen, doch ich hatte nicht den Mut, ihm nachzugehen. Was war bloß los mit mir?

Oft hatte ich ähnliche Situationen bei meinen Freunden und deren kleineren Geschwister beobachtet. Für sie schien dieses Verhalten ganz normal. Sie meinten, das gehöre zum „Erwachsenwerden". Sie waren kalt und gleichgültig ihren Geschwistern gegenüber, und das kümmerte sie nicht einmal. Aber mir war es nicht egal. Ich wollte nicht so gefühlskalt werden.

Wenn dies Teil des Erwachsenwerdens war, dann blieb ich lieber mein ganzes Leben lang ein Kind!

Ich wischte mir die Tränen aus den Augen und lief ins Zimmer meines Bruders. Er saß mit gesenktem Kopf am Boden und schob gelangweilt ein Auto hin und her. Ich sprach zu ihm: „Ich hatte nur keine Lust auf dieses Spiel. Aber wir können etwas anderes spielen."
Er blickte mich überglücklich an und holte sämtliche Spiele aus dem Schrank.

Mein Bruder spielte voller Hingabe und freute sich über jeden gelungenen Sieg. Es schien, als ob sich die ganze Welt nur noch um dieses Spiel drehte.
Wehmütig erinnerte ich mich, dass ich früher mit derselben Hingabe spielen konnte wie er. Und je mehr ich mich auf das Spiel einließ, desto mehr kehrte das altbekannte Gefühl zu mir zurück. Auch wenn es mir nicht mehr so leicht fiel wie früher, war ich doch erleichtert, dass ich noch immer im Stande war, diese Welt zu betreten.

Doch immer wieder überkamen mich Momente der Langeweile und der inneren Leere. An einem Samstagmorgen hielt ich das Gefühlschaos nicht länger aus und beschloss meine Großmutter zu besuchen.
Bereits beim Betreten der Küche blickte sie mich mitfühlend an.

„Was ist los, mein Lieber?" fragte sie mich und strich mir sanft über die Haare. Ich wusste nicht, wie ich beginnen sollte. Da stellte sie mir eine Tasse Schokolade hin und meinte, ich solle erst einmal trinken.
Ob es nun die heiße Schokolade war oder ihre Anwesenheit, auf alle Fälle wurde ich innerlich ruhiger und schüttete Großmutter mein Herz aus.

So erzählte ich ihr: „In der Zeit als Opa starb, hat sich mein Leben sehr verändert. Ich begann die Dinge ganz anders zu sehen und fand viele Antworten auf meine Fragen.
Es geschahen Dinge, die so unglaublich waren, wie in einem Märchen. Aber jetzt …"
Ich suchte nach Worten. Was war jetzt? Wie konnte ich meine Gefühle beschreiben? Schließlich erzählte ich weiter: „Jetzt habe ich plötzlich das Gefühl, dass mir dieser ganze Zauber verloren geht. Ich fühle mich oft so gelangweilt und irgendwie leer …
Meine Freunde sind genauso, auch wenn sie es niemals zugeben würden. Aber ich sehe es in ihren Augen …"

Großmutter nickte mir ermutigend zu und so fuhr ich fort: „Weißt du, damals, in der Nacht vor Weihnachten, bin ich mitten in der Nacht aufgewacht. Mir wurde plötzlich bewusst, wie wundervoll und zauberhaft das Leben sein konnte. Und ich wünschte mir, dass ich den Zauber nie verlieren würde. Aber jetzt spüre ich, dass ich ihn bereits zu verlieren beginne …"
Ich vergrub das Gesicht in meinen Händen und weinte bitterlich.

Nach einer Weile begann Großmutter mit besänftigender Stimme zu sprechen: „Jeder Mensch kommt in seinem Leben an den Punkt, wo er sich entscheiden muss. Du spürst, dass du mit zunehmendem Alter die zauberhafte Welt verlierst, die du in deiner Kindheit kanntest. Die meisten Menschen sehen dies als natürlichen Prozess an. Du aber weißt, dass die zauberhafte Welt nicht nur unsere Kindheit prägt, sondern auch Realität ist. Und du kämpfst mit deinem Herzen und deinem Verstand dagegen, um sie nicht zu verlieren."
Ich blickte mit verweinten Augen auf. Sie beschrieb exakt meine Gefühle. Wie konnte sie das alles wissen?

Und Großmutter erzählte mit sanfter Stimme weiter: „Möglicherweise werden diese Auseinandersetzungen noch viel stärker werden. **Es sind grundlegende Fragen über den Sinn des Lebens. Das ist gut! Denn nur durch die Auseinandersetzung kommen wir im Leben weiter. Wir wachsen innerlich an den Herausforderungen.**
Gib nicht auf! Kämpfe weiter, bis du Klarheit hast, in welcher Welt du leben willst."

Nach einer kurzen Überlegung sprach sie weiter: „Vielleicht hilft es dir, wenn ich dir erzähle, wie es mir damals erging.
Ich war ein paar Jahre älter als du, so Anfang zwanzig. Da hatte ich eine große Entscheidung zu treffen. Meiner besten Freundin und mir wurde eine Stelle in der Großstadt angeboten. Ich hätte viel Geld verdienen können und wäre eine angesehene Geschäftsfrau geworden.

Aber mein Herz warnte mich vor diesem Schritt und glücklicherweise hörte ich auf die Warnung meines Herzens. Lieber blieb ich hier am Hof und sorgte für die Tiere, erntete die Früchte und half auf dem Acker mit. Auch wenn es sehr viel anstrengender war und weit weniger Geld einbrachte.
Zumindest war ich glücklich, und das ist doch die Hauptsache.

Meine Freundin nahm die Stelle an. Sie versprach mir, jede Woche zu schreiben. Doch bereits nach einigen Wochen erhielt ich einen Brief, indem sie mir mitteilte, sie hätte Wichtigeres zu tun und nicht mehr soviel Zeit zum Schreiben.
Sie berichtete von ihren neuen Freunden, die angesehene Geschäftsleute waren. Nach drei Monaten kamen keine Briefe mehr. Ich schrieb ihr noch ein paar Mal, doch irgendwann gab ich enttäuscht auf. Ich glaubte, sie mit meinen Geschichten über die Erlebnisse am Hof zu langweilen. Denn in der Stadt lebte sie in einer ganz anderen Welt. Da passte ich mit meinem einfachen Leben nicht mehr dazu."

Großmutter trank einen Schluck Tee und sprach dann weiter: „Als ich sie Jahre später wieder traf, hatte sie sich vollkommen verändert. Sie war abweisend und ernst geworden. Über meine Witze lachte sie nicht mehr. Sie redete nur von Geld, Zukunftsvorsorge und materiellen Sicherheiten.

Das stimmte mich traurig, denn in unserer Kindheit hatten wir viele zauberhafte Momente miteinander erlebt. Jetzt war nichts mehr davon übrig, außer vielen Erinnerungen.
Als ihre beste Freundin sah ich es als meine Aufgabe an, ihr diese radikale Veränderung aufzuzeigen. Ich erinnerte sie an unsere schönsten Erlebnisse und fragte sie, ob sie sich denn nicht mehr daran erinnern wolle. Und weißt du, was sie mir antwortete?"

Ich verneinte während Großmutter weiter erzählte: „Sie sagte, dass dies alles nur Kinderfantasien waren. Ich werde doch nicht etwa immer noch an diesen Unfug glauben. Das Leben sei viel zu ernst, man könne nicht einfach so sorglos in den Tag hinein leben. Ich solle endlich erwachsen werden."

Nach einer Pause fügte Großmutter hinzu: „Da wusste ich, dass sie sich für die andere Welt, die ohne Zauber, entschieden hatte. Es machte keinen Sinn mehr mit ihr darüber zu sprechen, da sie die Schönheit des Lebens nicht mehr erkennen konnte. Sie lebte in der Welt voller Ängste und Zwänge, in welcher der Himmel sie nicht mehr faszinieren konnte. Von diesem Tag an habe ich sie nie wieder gesehen."

Schweigend senkten wir unsere Blicke. Ich verstand, was Großmutter mir damit erklären wollte. Auch ich stand vor der Entscheidung, ob ich in der Welt der Vernunft und Logik leben wollte, oder in der zauberhaften Welt der grenzenlosen Wunder.

Ich atmete tief ein und sagte ganz bestimmt: „Ich will den Zauber nicht verlieren!"

Mit dem Strom schwimmen

Als ich nach den Sommerferien die Schule wechselte, kam eine harte Prüfung auf mich zu. Wie Großmutter mir prophezeite, wurden die inneren Konflikte noch viel stärker.
Es begann damit, dass ich bei meinen Klassenkameraden nicht so richtig den Anschluss fand. Sie hatten komplett andere Ansichten und Interessen. Ich hätte mir nie vorstellen können, mit einem von ihnen über die Dinge zu sprechen, die ich mit Großmutter besprach.

Lange versuchte ich mir einzureden, dass ich keine Freunde brauchte und alleine gut zurecht kam. Doch bei einem Schulausflug wurde mir bewusst, dass ich der absolute Außenseiter war. Hatten wir Gruppenarbeiten, wollte niemand mit mir zusammenarbeiten.
Diese Tatsache lastete schwer auf meinem Herzen. Immer öfters fragte ich mich, warum ich nicht so sein konnte wie die anderen. Das Leben der Masse schien mir viel einfacher.

So nahm ich wohl unbewusst immer mehr Charaktereigenschaften meiner Kameraden an. Ich benutzte bald dieselben modernen Wörter und wünschte mir zum Geburtstag sogar Markenklamotten. Langsam aber sicher mutierte ich zu einem Duplikat meiner Kameraden.

Eines Nachmittags rief mich ein Schulkamerad an und fragte, ob ich Lust hätte, mit der Klicke etwas zu unternehmen. Das war ein riesengroßer Erfolg in meiner Laufbahn! Ich stellte mich vor den Spiegel und studierte einen lässigen Gesichtsausdruck ein. Es sah genauso bescheuert aus, wie bei meinen Kameraden.

Das Unbehagen in meiner Brust versuchte ich zu ignorieren. Ich wusste ganz genau, dass mein Verhalten gegen meine Prinzipien war. Doch ich konnte die Abgeschiedenheit nicht länger ertragen. Ich wollte ein Teil der Masse sein. Wollte Freunde haben. Vielleicht sogar irgendwann eine Freundin …

Als ich am vereinbarten Treffpunkt ankam, waren bereits alle versammelt. Ich wartete darauf, dass wir irgendetwas unternehmen würden, doch sie hingen einfach nur so rum, redeten belangloses Zeug und neckten einander. Irgendwann steckte sich einer eine Zigarette an. Bewundernd schauten ihm die anderen beim Paffen zu. Ich erkannte meine Gelegenheit, mich der Klicke zu beweisen und verlangte ebenfalls nach einer Zigarette. Ich behauptete, meine zu Hause vergessen zu haben.

Mein Ansehen stieg in der Klicke und bald war ich akzeptiert von ihnen. Nach kurzer Zeit rauchte ich täglich und trank sogar Bier. Es schmeckte furchtbar, doch ich glaubte, mich irgendwann daran zu gewöhnen.

Bei den Mädchen in meiner Klasse wurde ich ebenfalls immer beliebter. Für mich kam jedoch nur eine einzige in Frage, die ich wirklich mochte. Sie sah genauso aus, wie man sich die Prinzessin in einem Märchen vorstellte.

Ihr langes Haar fiel wallend auf ihre Schultern und ihre Augen strahlten, wenn sie lachte. Sie war sehr still und zurückgezogen. Wenn ihre Kolleginnen über andere Mitschüler lästerten, ignorierte sie es und zeichnete stattdessen. Sie war einfach vollkommen!
Ich hatte nie den Mut, sie anzusprechen, doch eine Frage beschäftigte mich sehr; wie dachte sie wohl über mich?

Eines Nachmittags wollte es der Zufall, dass wir gleichzeitig Wasser am Schulbrunnen trinken wollten. Wir standen uns unverhofft gegenüber. **Als ich in ihre sternenklare Augen blickte, war es, als ob die ganze Welt für einen Moment still stehen würde.**
Verunsichert stotterte ich: „Du hast wunderschöne Augen." Schüchtern blickte sie zu Boden und bedankte sich mit einem Lächeln. Da nahm ich allen Mut zusammen und fragte sie, ob sie sich mit mir treffen möchte, nach der Schule.
Verunsichert blickte sie hin und her, nach Worten suchend. Bis sie schließlich hervorbrachte: „Das würde ich schon gerne, aber meine Eltern würden niemals erlauben, dass ich mich mit einem Jungen treffe, der raucht und Bier trinkt."
Ihre Worte waren wie ein Schlag ins Gesicht. Ich fühlte mich vom Leben geohrfeigt. Würde ich die Frau meines Lebens verlieren, nur weil ich diese dämlichen Angewohnheiten angenommen hatte? Hatte ich die wahre Liebe für eine oberflächliche Freundschaft aufs Spiel gesetzt?
Ohne ein Wort zu sagen drehte ich mich um und lief zur Toilette. Ich konnte die Tränen nicht mehr zurückhalten. Sie hätte mir sowieso nie geglaubt, dass ich nicht so war, wie ich mich in den letzten Monaten zeigte. Wie hätte ich auch beweisen können, dass ich keiner von denen war, zu denen ich augenscheinlich gehörte? Es war zum Verzweifeln ...
Ich brachte es nicht mehr übers Herz, sie anzuschauen. Wahrscheinlich glaubte sie, meinen männlichen Stolz verletzt zu haben. In Wahrheit aber schmerzte mein Herz so sehr, dass ich es mir am liebsten eigenhändig aus dem Leib gerissen hätte.

Nach ein paar Wochen wandelte sich der Schmerz in blinde Wut. Ich war wütend auf die Klicke, wegen der ich so dumm und oberflächlich geworden war. Aber vor allem war ich wütend auf mich. Die Wut veränderte mein Bewusstsein und meine Gedanken. Es schien, als ob die ganze Welt sich gegen mich stellen würde.
Ich bildete mir ein, dass mich fremde Leute mit bösen Blicken musterten, ich vom Pech verfolgt wurde, meine Lehrer mir ungerechtfertigt schlechte Noten gaben und vieles mehr. Mein ganzes Bewusstsein kreiste um Aggression und Ungerechtigkeit. Zu allem Überfluss stürzte ich auch noch im Sportunterricht und brach mir das rechte Bein. Als mir die Ärztin das Bein eingipste, meinte sie: „Nun bist du gezwungen, die Dinge langsamer anzugehen. Oftmals gibt uns die Seele ein Zeichen, wenn wir auf unserem Lebensweg in eine falsche Richtung eilen."
Sie zwinkerte mir zu und ließ mich dann alleine zurück.

Hatte die Ärztin gerade vom Lebensweg gesprochen? Verärgert ignorierte ich ihre Worte: Das war wohl eine Verrückte, die denkt, ein einfacher Sportunfall hätte etwas mit dem Lebensweg zu tun. Obwohl ich ihre Worte nicht ernst nahm, hatte ich dennoch meine Zweifel, ob vielleicht doch etwas an der Aussage wahr war?
So verbrachte ich viele Wochen zu Hause und brütete vor mich hin, was ich unternehmen würde, sobald ich diesen lästigen Klumpen an meinem Fuß los wurde. Ich dachte nicht daran, mein Leben zu ändern. Schließlich hatte ich die Märchenprinzessin schon verloren. Meine Freunde wollte ich nicht auch noch verlieren.

An einem dieser langen Tage, während ich im Bett lag und Pläne schmiedete, wurde ich sehr müde und ich fiel in tiefen Schlaf.
Im Traum sah ich die weite See. Wie ein Vogel flog meine Seele über unendliches Wasser. Die Luft war herrlich warm und roch nach Salz. Ich fühlte mich leicht und unendlich frei. Als ich hinunter blickte, sah ich kleine Fischschwärme im Wasser. Ich setzte auf der Wasseroberfläche auf und tauchte hinab in die Wasserwelt. Ein wundervoller, regenbogenfarbener Fisch schwamm mir entgegen. Ich fühlte eine so große Verbundenheit mit ihm, dass ich sogar das kühle Wasser um seine Flossen gleiten spürte als wären es meine. Es war einfach wundervoll, so schwerelos im Wasser zu schweben.
Da schwamm ein Schwarm grauer Fische an dem regenbogenfarbenen Fisch vorbei. Gleichgültig schwammen sie weiter, da er keiner von ihnen war. Der kleine Fisch erkannte schmerzhaft, dass er ganz alleine war. Doch er wünschte sich so sehr, einer von ihnen zu sein.
Je länger der kleine Fisch dem Schwarm jedoch nachschwamm, desto blasser wurden seine Farben. Bis er irgendwann genauso grau war, wie die anderen Fische.
Schließlich konnte ich ihn gar nicht mehr von den anderen Fischen unterscheiden. Ich wollte ihn rufen, um ihn zu warnen, doch er war bereits ein Teil von ihnen und konnte mich nicht mehr hören ...
Als ich erwachte, schüttelte ich den Traum von mir ab. Ich bemerkte nicht, wie düster meine Gedanken bereits geworden waren. In meinem Leben war jeder Zauber verflogen.

Jahrelang vegetierte ich vor mich hin, ohne nach dem Sinn meines Daseins zu fragen. Nach der Schule begann ich eine Ausbildung. Mein Leben bestand aus arbeiten, feiern, trinken und Freunden. Es fiel mir nicht auf, dass mein Leben leer war, da die meisten Leute ein ähnliches Leben führten. Doch immer wieder erwachte meine Erinnerung. Die Gedankenblitze reichten jedoch nicht aus, um mich aus dieser mentalen Schwere und Sinnlosigkeit zu befreien.
Nach dem Abschluss meiner Ausbildung verließ ich mein Elternhaus und stürzte mich ins Berufsleben, im Glauben das Richtige zu tun. Doch immer wieder überkamen mich Zweifel.
Das Gefühl ließ mich nicht los, dass etwas in meinem Leben falsch lief. Doch ich lernte dieses Gefühl zu verdrängen, wie viele andere Leute auch.

Schmerzhafte Liebe

In meiner neuen Wohnung hatte ich mich bald eingelebt. Das unabhängige Leben gefiel mir, wenn es auch manche Zusatzarbeit abverlangte. Das Altglas türmte sich in meiner Küche und auch die Wäsche lag oft über zwei Wochen im Wäschekorb. Das Nachtleben war viel interessanter als mein Haushalt. Die Wochenenden verbrachte ich tagsüber im Bett und nachts in Bars.

In dieser Zeit lernte ich meine erste Freundin kennen. Sie verzauberte mich nicht annähernd so, wie die Märchenprinzessin meiner Jugendzeit. Doch ich glaubte, dass diese Schwärmerei sowieso kindisch war. Ich glaubte, das richtige Leben wäre eben nicht so romantisch, wie meine jugendlichen Gefühle.

Meine Freundin war ein Jahr jünger als ich und hatte langes, schwarzes Haar. Ihre strahlend blauen Augen faszinierten mich vom ersten Moment an. Ich glaubte in ihr gefunden zu haben, wonach ich gesucht hatte.

Unsere erste Zeit war wunderschön. Wir klebten förmlich aneinander und konnten keine Sekunde ohne den anderen sein. Doch bald legte sich ein dunkler Schatten über unsere junge Liebe.
Schon lange waren mir tiefe Narben auf ihren Armen aufgefallen. Doch sie wich meinen Fragen lange Zeit aus. Eines Tages gestand sie mir endlich, dass sie vor unserer gemeinsamen Zeit schwere psychische Probleme hatte. Es überraschte mich nicht, denn ich hatte bereits die Vermutung, dass die Narben durch Selbstverletzung zustande gekommen sein mussten.

Da sie mir versicherte, dass dies nun vorbei sei, machte ich mir keine Sorgen. Dann kam jedoch ein Tag, an dem einiges schief lief. Jeder von uns kennt solche Tage. Man streicht sie ab und wartet darauf, dass der nächste Tag wieder besser wird.

Bei meiner Freundin war das anders. Den Stress und Ärger dieses Tages konnte sie psychisch nicht mehr verarbeiten. Sie steigerte sich immer mehr hinein. Da erlebte ich zum ersten Mal einen ihrer Wutausbrüche. Ich konnte nicht fassen, mit welch tiefer Stimme diese zierliche Person sprechen konnte. Sie schrie, tobte und schlug um sich, mit einer Kraft, die man ihr nie zugetraut hätte.
Hilflos stand ich da und wusste nicht, was ich tun sollte. Schließlich warf sie Gegenstände nach mir und sperrte sich dann lange Zeit im Bad ein. Als sie wieder herauskam, lief Blut über ihre Arme. Sie hatte sich wieder geritzt.

Nach einer Weile war sie wieder ganz normal, als ob sie durch das Ritzten den inneren Druck abgelassen hatte. Sie redete mit ihrer gewohnten, zarten Stimme zu mir und entschuldigte sich tausend Mal. Abwechselnd blickte ich auf ihre blutigen Arme, dann wieder auf sie, ohne auch nur die geringste Ahnung zu haben, was ich von alldem halten sollte.

Ich wollte einfach nur weg. Sie weinte fürchterlich und flehte mich an, sie nicht alleine zu lassen. Sie würde es nie wieder tun. Trotz meines Schocks tat sie mir leid, denn ich konnte mir nicht erklären, was in ihr vorging. Vielleicht konnte sie ja wirklich nichts dafür …

Also blieb ich bei ihr, im guten Glauben an eine einmalige Situation. Leider täuschte ich mich. Alle paar Monate hatte sie einen ähnlichen Anfall, und jedesmal endete es damit, dass sie weinte und mein Mitgefühl benutzte, um mich an sie zu binden.

Eines Tages war es so schlimm, dass sie davon rannte und lange Zeit nicht wiederkam. Ich wusste nicht, was nun geschehen sollte. Da ich von ihr wusste, dass sie vor unserer gemeinsamen Zeit schon drei Mal versucht hatte, sich das Leben zu nehmen, war ich auf das Schlimmste gefasst.

In meiner Hilflosigkeit erinnerte ich mich an eine Erzählung meiner Großmutter, in der sieben Schutzengel ein Kind bewachten, das eine Nacht alleine im Wald bei wilden Tieren verbringen musste. Und in Gedanken schickte ich meiner Freundin diese sieben Engel, um über sie zu wachen. Immer wieder stellte ich mir vor, wie die sieben Engel über ihr schwebten und sie davon abhielten, etwas Dummes zu tun.
Nach Stunden kam sie zurück. Sie war wieder ganz normal, so wie immer, nach einem Anfall. Da erzählte sie mir etwas Unglaubliches: „Ich lief in den Wald, da ich dachte, dort könne ich mich am ehesten wieder beruhigen. Nach kurzer Zeit fühlte ich mich tatsächlich wieder besser und wollte zurückkommen.
Da flogen plötzlich sieben fürchterliche Viecher über mir im Kreis."
„Was für Viecher?" fragte ich aufgebracht.
Und sie erzählte weiter: „Es waren sieben Raben. Sie kreisten über mir wie Geier über As."
Ich konnte es nicht fassen, was ich da zu hören bekam. Konnte das Zufall sein? Oder haben sich tatsächlich meine sieben Engel in Gestalt von sieben Raben gezeigt?

Ich erlebte noch viele merkwürdige und erschreckende Momente mit meiner Freundin. Doch irgendwann hielt ich diesen ständigen Terror nicht mehr aus. Obwohl ich wusste, dass es für sie eine schwere Zeit werden würde, wenn ich sie verließe. Doch ich musste mir selbst helfen.

Diese letzten Monate unserer Beziehung waren eine bittere Erfahrung, die ich nicht so schnell verarbeiten konnte. Immer wieder sah ich im Traum ihr verzerrtes Gesicht und die blutigen Arme. Mit scharfen Gegenständen war ich lange Zeit auf Kriegsfuß. Doch die Zeit heilte meine Wunden und der Abstand zu den Ereignissen wurde immer größer.

Ich fühlte mich wieder frei und lernte danach andere Frauen kennen. Doch ich wurde vorsichtiger durch meine bittere Erfahrung. Ich erkannte, dass äußere Schönheit, blaue Augen und eine zarte Stimme keine Basis für eine harmonische Beziehung waren …

Vertreibung aus dem Paradies

Es war an einem Samstag im Herbst. Am Abend war die Eröffnung einer neuen Bar, zu der ich mich mit meinen Freunden verabredete.

Da die Bar nicht weit entfernt vom Haus meiner Eltern lag, schaute ich auf einen Sprung bei ihnen vorbei. Sie freuten sich mich wieder zu sehen und mein Vater gab mir zu verstehen, wie stolz er auf mich sei, weil ich mein Leben so gut im Griff hatte. Mir fiel auf, wie groß mein Bruder in der kurzen Zeit geworden war, beinahe schon erwachsen.

Kurz vor neun machte ich mich auf den Weg zu meinem Treffen.
Vor der neuen Bar warteten bereits meine Freunde und wir begrüßten uns wie üblich mit einem Handschlag. Am Eingang der Bar stand ein muskulöser Türsteher und musterte jeden, bevor dieser die Bar betreten durfte. Ich erinnerte mich daran, wie ich früher in dieser Situation immer Herzklopfen bekommen hatte, aus Angst, er würde mich nicht hinein lassen. Doch jetzt hatte ich nichts mehr zu befürchten: Ich war einer von ihnen.
Als er die Türe öffnete, kamen uns Rauchschwaden und ohrenbetäubende Musik entgegen.

Schummriges Licht beleuchtete den menschenüberfüllten Raum. Auf kleinen Tischen standen bunte Teelichter. Wir setzten uns an einen Tisch und bestellten Cocktails.
Ich sah mich um und erblickte an der Bar meine ehemalige Freundin.

Als sie mich sah, drehte sie sich sofort zur Seite und ignorierte mich. Ich ärgerte mich über ihr Verhalten. Wieso konnte man sich nicht normal begrüßen, egal was einmal war? Schließlich hatten wir nicht nur schlechte Zeiten ...
Ich entschied mich, es auf sich beruhen zu lassen und blickte mich im Raum weiter um.

Es waren viele Frauen da. Sie tänzelten in kurzen Röcken und hochhackigen Schuhen vor den Männern herum. Mit gespielter Freundlichkeit redeten sie aufeinander ein und hielten dabei lässig eine Zigarette zwischen den Fingern.
Obwohl mir die eine oder andere ganz gut gefiel, konnte keine von ihnen meiner Märchenprinzessin das Wasser reichen …

Ich schüttelte den Kopf und ärgerte mich über meine Gedanken.
Ich hatte mir damals vorgenommen, nach unserem Treffen am Brunnen, nie wieder an sie zu denken. Das war nun schon einige Jahre her und trotzdem verglich ich sie immer wieder unbewusst mit allen anderen Frauen.

Plötzlich stand lächelnd eine Blondine vor mir. Ob wir uns nicht kennen würden, fragte sie. Ich verneinte, doch sie ließ nicht locker und setzte sich ungefragt neben mich. Wir unterhielten uns lange Zeit und lachten viel. Meine Freunde warfen mir neidische Blicke zu, denn die Attraktivität der Blondine war nicht zu verachten.

Irgendwann kam sie mir ganz nahe und flüsterte in mein Ohr: „Ich hab da was ganz Aufregendes.
Mach den Mund auf." Sie steckte mir eine Pille in den Mund und küsste mich. Ich wusste nicht recht, wie mir geschah, da hatte ich die Pille bereits geschluckt. Ich Idiot, war mein letzter Gedanke, bevor sich die Welt um mich zu drehen begann.

Ich träumte von einem großen Baum, dessen Blätter welk waren. Ich wusste, dass es meine Aufgabe wäre, ihn zu gießen. Doch ich tat es nicht.
Plötzlich sah ich mich von oben. Ich war der Baum, und es war mein Herz, welches welkte. Ich wollte Wasser trinken, doch bereits beim ersten Schluck bemerkte ich, dass es vergiftet war. Dann wurde es dunkel um mich, bis ich nichts mehr erkennen konnte, außer meinen Augen. Und ich spürte, dass ich weinte.

Irgendwann wachte ich auf. Mein Schädel brummte. Wo war ich? Neben mir lag die Blondine vom Vorabend. Was war geschehen? Bruchstücke der vergangenen Nacht kamen wieder in mein Bewusstsein.

Wir hatten die halbe Nacht getanzt. Die Pille hatte mich zum „Partylöwen des Jahres" gemacht und ich konnte mich erinnern, dass ich mit mehreren Frauen geflirtet hatte.

Irgendwann muss ich wohl auch zu meiner ehemaligen Freundin gegangen sein. Zwar erinnerte ich mich nicht mehr daran, was ich zu ihr sagte, doch brannte ihre Ohrfeige noch lange Zeit auf meiner Wange.

Tief in der Nacht schleppten wir uns in die Wohnung der Blondine, wo ich nun erwachte.

Gähnend und streckend drehte sich die Blondine zu mir. „Morgen, du Partylöwe", sagte sie lachend.
In diesem Moment spürte ich ein flaues Gefühl im Magen und ich übergab mich ins Bett. Die Blondine schrie auf und schimpfte. Irgendwie verständlich. Doch sie war nicht ganz unschuldig an der Misere …

Etwas später schleppte ich mich mit müden Schritten nach Hause. Die Blondine wohnte in einem billigen Viertel, in dem ich noch nie zuvor war. An der Straßenecke lungerten zwielichtige Gestalten herum.
Als ich in eine kleine Seitengasse einbog, hörte ich hinter mir plötzlich Schritte. Ich dachte mir nichts dabei, wurde jedoch etwas beunruhigt, als sie mich aufholten. Ich blickte mich um, doch bevor ich etwas erkennen konnte, spürte ich einen Schlag im Gesicht. Zwei Typen boxten mir in die Seite und in den Bauch, bis ich zu Boden sank. Der größere von ihnen setzte sich auf meinen Rücken, sodass ich mich nicht mehr rühren konnte. Es ging alles sehr schnell. In meinem ganzen Leben hatte ich noch nie so große Angst. Sie klauten alles, was sie in die Hände bekamen und machten sich davon.

Nach einiger Zeit rappelte ich mich mit schmerzverzerrtem Gesicht wieder auf.

Das konnte alles einfach nicht wahr sein. **Ich blickte zum Himmel und schrie mit aller Kraft, die ich noch hatte: „Ich habe verstanden! Jetzt reicht es!“**

Ich wusste genau, was das Leben mir zeigen wollte: Das Maß war voll. Ich war zu weit gegangen.
Eines stand für mich fest, das Leben das ich zurzeit führte, wollte ich nicht mehr. Es war nicht meine Bestimmung und entsprach in keinster Weise meinem Wesen.

Ich hatte mich verstellt, um Freunde zu bekommen und verlor dadurch meine große Liebe. Ich rauchte und trank um andere zu beeindrucken. Ich besuchte Partys, wo die Musik laut und nicht mein Stil war. Nur um mit meinen Freunden zusammenzusein. Und schlussendlich nahm ich auch noch Drogen, aus Angst, als Feigling zu gelten.
Es geschah mir vollkommen recht, dass ich verprügelt und ausgeraubt wurde. Ich hatte im Paradies gelebt und tauschte es gegen die Hölle ein.
Wie konnte ich nur so dumm sein? …

Meine Rippen schmerzten und mein Kopf dröhnte. Ich hatte nicht mehr die Kraft zu laufen, doch das Geld für den Bus hatten die beiden Typen ebenfalls geklaut. Zu meiner Wohnung waren es noch fast 30 Gehminuten und zu meinem Elternhaus nur noch zwei.

Ich wusste, dass ich furchtbar aussah und wie ein Aschenbecher roch, aber ich fürchtete, dass ich es nicht mehr bis zu meiner Wohnung schaffen würde.
Zudem hatte ich das Bedürfnis, jetzt nicht alleine zu sein. So bog ich in die Straße zum Haus meiner Eltern ein.
Mit geweiteten Pupillen, einem blauen Auge und einem Herz, so schwer wie Blei, klingelte ich an der Tür. Normalerweise hatte ich einen Schlüssel zum Haus meiner Eltern, doch die beiden Typen hatten sogar diesen geklaut.

Zu meinem Glück öffnete mein Bruder. Er sah mich erschrocken an und zog mich sofort ins Zimmer, damit meine Eltern mich nicht so sehen würden.

Da saß ich also wieder in meinem ehemaligen Zimmer, welches jetzt als Büroraum genutzt wurde.

Mein Bruder saß mir gegenüber und sah mich an. Er sah mich einfach nur an und sagte kein Wort. Ich wünschte mir, er hätte geschimpft, getobt, geweint oder gelacht. Aber er tat nichts dergleichen. Stattdessen sah er mich aus ernsten Augen an, wie ich sie noch nie an ihm gesehen hatte.

Als ob der Ernst des Lebens durch mich auch seine Seele gestreift hätte.

Ich verlor die Kontrolle und begann fürchterlich zu weinen. Ich schämte mich so sehr, dass ich am liebsten gestorben wäre.

Ich hatte mich aus eigener Schuld aus dem Paradies vertrieben …

Er-Innerung im Abschied

Tief in meinem Herzen ruhte der Keim einer vergessenen Welt. Obgleich ich diese Welt in den vergangenen Jahren von meinem täglichen Leben ausklammerte, schlummerte sie im Stillen und wartete auf den Tag meiner Erinnerung. Viele Male drang ein Funke aus dieser Welt in mein Bewusstsein, doch die Kälte meines Herzens ließ sie lange Zeit nicht wieder erwachen.

Der Alltag hatte mich fest im Griff und ließ mir keine Zeit, dem bohrenden Schmerz in meinem Herzen auf den Grund zu gehen. Stattdessen schluckte ich Tabletten, um den Schmerz zu betäuben. Ich hatte verlernt, auf die Stimme meines Herzens zu hören und glaubte nicht mehr an den Zauber einer anderen Welt.

Im Berufsleben hatte ich großen Erfolg und wusste viele Freunde an meiner Seite, dennoch fehlte mir etwas. Lange Zeit versuchte ich dieses Gefühl zu verdrängen, doch mein Gewissen blieb wach. Seit dem Vorfall in der Bar hinterfragte ich mein Leben. Eines Tages fuhr ich mit meinem Cabriolet durch eine Allee. Ich zischte an den hohen Bäumen vorbei, als ich plötzlich den Gedanken hatte, was wäre eigentlich, wenn ich die Kontrolle über das Fahrzeug verlieren würde und gegen einen Baum krachte. Wie schnell geschah ein Unfall, und alles war aus.

War das dann alles, was das Leben zu bieten hatte? ... Dieser Gedanke ließ mich nicht mehr los.

Ich grübelte bei Tag und Nacht über dieser Frage und erinnerte mich an ähnliche Fragen in meiner Jugendzeit.

Die Gespräche und Erlebnisse mit Großmutter kamen wieder in meinen Sinn. Ich erinnerte mich auch an meinen Wunsch, über Großmutter mehr zu erfahren, als ich über meinen Großvater wusste. Doch nun besuchte ich sie genauso selten wie damals meinen Großvater. Ich versuchte mein schlechtes Gewissen mit allerlei Ausreden zu beruhigen. Jetzt musste ich mir jedoch eingestehen, dass ich versagt hatte. Ich griff nach meiner Jacke und machte mich sogleich auf den Weg zu Großmutter. „Man hat immer Zeit für die Dinge, die einem wichtig sind", dachte ich mir.

Beim Öffnen der Türe kam mir ein wohlbekannter Geruch entgegen. „Oma?" rief ich und trat in die Küche. Da stand sie und konnte ihr Glück nicht fassen. Sie war alt geworden und so zerbrechlich. Sie weinte vor Freude und umarmte mich. Obwohl ich üblicherweise Kaffee trank, bedankte ich mich für die heiße Schokolade. Der alten Zeiten willen.

Es war nicht zu übersehen, dass ihre Gesundheit nicht mehr die beste war. Dennoch beklagte sie sich nicht, sondern fragte nach meinem Leben. Ich erzählte ihr von meinen Erfahrungen, meinem Beruf und meinen Hobbys. Je länger ich erzählte, desto mehr runzelte sie die Stirn. Bis ich abbrach und nachfragte, ob etwas nicht stimme.

„Du hast ihn verloren“, sagte sie traurig. Auf meine Frage, was sie damit meine, schüttelte sie nur verständnislos den Kopf.

„Wie viele Jahre ist es her, da du genau hier gesessen bist und in voller Überzeugung sagtest, dass du ihn nie verlieren willst? Spürst du denn nicht, dass dir etwas fehlt?“
Perplex starrte ich sie an. Wie damals beschrieb Großmutter meine Gefühle besser, als ich es selbst gekonnt hätte. Sie wusste sogar was mir fehlte. Was war es nur, das ich nie verlieren wollte? ...
Sie gab mir keine Antwort. Wahrscheinlich war es ihre Absicht, mich mit dieser offenen Frage gehen zu lassen, damit ich begann mich wieder zu erinnern. Auf alle Fälle besuchte ich Großmutter von diesem Tag an wieder öfters. Ich erlebte mit, wie sich ihr gesundheitlicher Zustand verschlechterte. Sie wurde von Tag zu Tag gebrechlicher und war bald auf fremde Hilfe angewiesen. Die Gespräche zwischen uns waren nicht mehr wie früher, denn immer war jemand dabei. Sie brauchte Pflege, deshalb waren abwechslungsweise ihre Kinder bei ihr.

Eines Nachmittags saß ich an ihrem Bett und las aus einem Buch vor. Plötzlich legte sie ihre Hand auf meinen Arm und sah mich mit gläsernen Augen an. **Langsam öffnete sie den Mund und sagte mit schwacher Stimme: „Meine Kammer ist jetzt leer.“**
Ein paar Sekunden blickte sie mir tief in die Augen, dann atmete sie tief ein und schloss beim letzten Atemzug ihre blauen Augen.

Wie lange ich damals noch an ihrem Bett gesessen hatte, weiß ich nicht. Jegliches Zeitgefühl ging dabei verloren. Zärtlich streichelte ich ihre Hand und weinte bitterlich.
Ich fühlte mich wie ein Baum, der entwurzelt wurde.
Meine Tante betrat das Zimmer, um nach ihr zu sehen. Als sie ihren regungslosen Körper erblickte, begann sie ebenfalls zu weinen. Wir umarmten uns und trösteten und gegenseitig.
Großmutter hinterließ in unser aller Leben eine große Leere.

Nach Großmutters Tod war ich sehr oft traurig. Nur langsam begannen meine abgeschnitten Wurzeln wieder zu wachsen. Es war ein großer Verlust in meinem Leben. Ich wusste, dass Großmutter keine Angst vor dem Tod hatte und fest an das ewige Leben glaubte. Im Stillen hoffte ich, dass sie recht behielt. Doch sicher war ich mir nicht.

Immer wieder schlichen sich Erinnerungen in mein Herz, an all die Dinge, die wir gemeinsam erlebt hatten. Als ich über das Wort Er-Innerung nachdachte, wurde mir bewusst, dass es mit dem Inneren zu tun hatte, das bereits in uns war.
Sowie die Geschichten aus ihrem Leben, die sie mir erzählt hatte und unsere vielen Gespräche über das Leben. Sie waren ein Teil von mir, in meinem Inneren, an die ich mich nun wieder erinnerte.

Bis mir eines Tages die Kammer wieder in den Sinn kam. Blitzschnell schossen mir ihre letzten Worte durch den Kopf: „Meine Kammer ist jetzt leer.“

Ich erschrak, wie vom Blitz getroffen und eilte los. Als ich bei Großmutters Haus ankam, waren meine Mutter und meine Tante gerade dabei, das Haus zu reinigen. Nach einem knappen Hallo rannte ich die Treppe hinab zur Kammer. Die Türe stand noch immer offen.

Ich atmete tief durch, mein Herz raste. Dann trat ich in die Kammer ein. Ich konnte nicht fassen, was ich sah. Die Kammer war voller verstaubter Weinflaschen. Wo sind Großmutters ganze Gegenstände geblieben?

Da hörte ich meine Mutter herunterkommen. „Was suchst du hier?" wollte sie wissen, „das ist doch nur ein alter Weinkeller."

„Nein, nein, das ist nicht möglich. Das kann einfach nicht sein!" schrie ich beinahe hysterisch.
„Hier waren Großmutters ganze Sachen", versuchte ich ihr verzweifelt zu erklären. Sie schüttelte ungläubig den Kopf: „Seit ich ein Kind war, war dies ein Weinkeller. Jetzt beruhige dich und komm wieder hinauf. Es ist für uns alle eine schwere Zeit." Sie drehte sich um und stieg die Treppe wieder empor.

Wie hätte sie mich auch verstehen können? …

Ich fürchtete, meinen Verstand zu verlieren. Hilflos schaute ich mich um. „Das darf nicht sein", flüsterte ich immer wieder.

Da erblickte ich in einer Ecke eine große Kiste, auf die in roter Farbe Buchstaben geschrieben standen. Als ich näherkam, sah ich meinen Namen auf die Kiste geschrieben. Mein Herz überschlug sich vor Freude, als ich die Kiste öffnete.

In der Kiste lagen fein säuberlich die mir vertrauten Krippenfiguren sowie das Bild meiner Großmutter, das ich damals so bewundert hatte.
Ich lachte vor Erleichterung, dass ich mir das alles nicht eingebildet hatte. Auch wenn ich überhaupt nicht verstehen konnte, was das alles zu bedeuten hatte. Von Großmutters Sachen war nichts mehr da. Ihre Erinnerungen hatten sich scheinbar in Luft aufgelöst. Freudestrahlend packte ich meine Kiste unter den Arm und nahm sie mit nach Hause. Von nun an waren es meine Erinnerungen.

Beim Verlassen der Kammer drehte ich mich noch einmal um und murmelte leise: „Auf Wiedersehen, sonderbare Schatzkammer." Dann fiel die schwere Türe hinter mir ins Schloss.

3.Kapitel
Die zweite Wende

Der Anfang der großen Suche

An jener Stelle begann meine Reise nach Innen, auf der Suche nach dem, was in Vergessenheit geriet.
Doch wie jeder Suchende gelangte ich nicht sofort an mein Ziel. Viele Umwege zeichneten meinen Weg, denn ich war der Meinung in den unterschiedlichsten Sparten die Erfüllung meines Lebens zu finden. Immer wieder musste ich jedoch feststellen, dass das wahre Glück woanders zu finden war. Dennoch ließ sich am Ende meines Weges der rote Faden erkennen, der sich durch mein ganzes Leben zog …

Mit dem Tod meiner Großmutter ging für mich eine Welt unter. Nichts schien mehr so wie es war. Als ich mich von allem loslöste, was mein bisheriges Leben bestimmte, erlebte ich eine weitere Wende in meinem Leben.
Es begann damit, dass ich mir ernsthafte Gedanken über meinen Beruf machte. Ich fühlte, dass er mich nicht erfüllte und konnte mir nicht vorstellen, bis zum Ende meines Arbeitslebens dieselbe Arbeit zu verrichten. Sie förderte zwar meinen Intellekt, jedoch nicht meine Herzensweisheit.
Die Erzählung meiner Großmutter kam mir in den Sinn und mir wurde klar, dass ich, ohne es zu wollen, denselben Weg wie ihre damalige Freundin gegangen war. Unbewusst rutschte ich immer mehr in die vernunftgeprägte Welt und verlor dadurch die zauberhafte Welt.

Welcher Beruf entsprach meiner Berufung? Es fiel mir nicht leicht, die Arbeit zu finden, mit der ich langfristig Freude haben würde. Meine Interessen galten so unterschiedlichen Dingen. Für vieles hätte ich Talent gehabt. Ich zerbrach mir den Kopf, doch ohne Erfolg. Also beschloss ich eines Tages, nicht mehr länger darüber nachzugrübeln, sondern mit wachsamen Augen durchs Leben zu gehen und es einfach geschehen zu lassen.

Durch einen Zufall stieß ich einige Tage nach diesem Entschluss auf einen Prospekt über medizinische Berufe. Da wurde mein Interesse am menschlichen Körper geweckt und ich begann mich immer mehr in die Anatomie zu vertiefen. Ich erkannte Zusammenhänge zwischen Organen und Nahrungsmitteln, Krankheiten und Gewohnheiten. Ich glaubte, hier das Wunder jener zauberhaften Welt wiederfinden zu können und begab mich deshalb auf den langen Weg hin zur Körperheilkunde.

Oft saß ich im Unterricht und staunte über die Funktion des menschlichen Körpers, welche bis ins kleinste Detail durchdacht war. Einfach vollkommen.
Alles schien nach einem verborgenen Plan zu funktionieren! Allein die Tatsache, dass unser Herz ohne unser bewusstes Zutun ein ganzes Leben lang schlägt, versetzte mich in Ehrfurcht.

Da erinnerte ich mich an meinen Großvater, der an einem Herzinfarkt starb. Bei aller Begeisterung für die Anatomie konnte ich mir nicht erklären, wie so etwas geschehen konnte.

War es vielleicht doch nicht selbstverständlich, dass unser Herz immerzu schlug? Wer bestimmte, wie lange ein Herz zu schlagen hatte? …
So gelangte ich schließlich zu der entscheidendsten Frage meines Lebens: **Wer oder was lenkt das alles, was für uns ganz selbstverständlich funktioniert?**

Die Medizin hatte mich zu dieser entscheidenden Frage gebracht.
Eine Antwort konnte sie mir zwar nicht geben, doch ich war dankbar, dass sie mich bis dahin geführt hatte. Ich war überzeugt davon, dass jede ehrliche Frage eines Tages auch eine Antwort erhalten würde …

An einem sonnigen Sommertag saß ich am Seeufer im Café „Stern" und blickte verträumt auf das stille Wasser, über dem schreiende Möwen kreisten. Plötzlich stürzte sich eine Möwe herab und zog einen zappelnden Fisch aus dem Wasser. Der Fischkörper glänzte in der Sonne und ich glaubte zu träumen, denn er schimmerte in allen Regenbogenfarben. Ich öffnete weit die Augen, um dieses unglaubliche Geschehen besser sehen zu können. Da war die Möwe bereits mit dem Fisch verschwunden. War es Einbildung oder hatte die Möwe tatsächlich einen regenbogenfarbenen Fisch aus dem See gezogen? Ich sah mich um, ob noch jemand diese Szene beobachtet hatte. Aber die anderen Leute in dem kleinen Café schienen nichts davon mitbekommen zu haben.
Der regenbogenfarbene Fisch war mir in einem Traum bereits begegnet. Nun erinnerte ich mich auch wieder, wie er sich im Traum einem Schwarm grauer Fische angeschlossen hatte und dadurch seine bunte Farbe verlor. Mir dämmerte, dass dieser Traum vielleicht doch mehr als reine Fantasie gewesen sein könnte. Ich träumte ihn zu der Zeit, in der ich meine Individualität aufgab, um meinen Freunden zu gefallen.
Je mehr ich mich jedoch der Körperheilkunde zuwandte, desto weniger Zeit fand ich für die Treffen mit meinen alten Freunden. Wir sahen uns immer seltener und wenn wir uns doch einmal trafen, spürte ich eine Kluft zwischen uns. Sie führten nach wie vor dasselbe Leben und belächelten mich, weil ich das Leben hinterfragte. Sie meinten, ich würde von einem Extrem ins andere fallen.
Für mich hörte sich das nicht negativ an, es bedeutete nur, dass ich sämtliche Extreme durchlebte, um schlussendlich meinen Weg zu finden. Während ich auf das stille Wasser blickte verspürte ich die Sicherheit, meinen Weg zu finden.

Nun war mir der Fisch erneut begegnet, doch diesmal nicht im Traum. Er hatte seine bunten Farben zurückerhalten, wie auch ich hoffentlich wieder Individualität erlangen werde. Was es zu bedeuten hatte, dass er aus dem Wasser gezogen wurde, wusste ich damals noch nicht. Vielleicht war es aber auch einfach noch zu früh, es zu verstehen.

Eine freundliche Kellnerin servierte mir den Eisbecher, den ich kurz zuvor bestellt hatte. Glücklich lächelte ich sie an und dankte. Die Freude steckte auch sie an und bald war in dem kleinen Café eine heitere Stimmung. Die Bedienung lächelte mir immer wieder aus der Ferne zu.

Da betrat ein seltsam gekleideter Mann das Café. Er passte überhaupt nicht in unsere gesellige Runde. Offenbar fühlte er sich von der lockeren Atmosphäre angetan. Zu meiner Überraschung fragte er, ob er sich zu mir setzen dürfe. Selbstverständlich stimmte ich zu, wenn ich auch im ersten Moment nicht verstand, warum er danach fragte, denn es waren noch viele Tische frei in dem kleinen Café. Gespannt was nun kommen würde, musterte ich den Neuankömmling. Auf den ersten Blick hätte ich ihn als Künstler eingestuft. Als er das Wort an mich richtete, fiel mir sofort seine gewählte Sprache auf. Als er vom See und dem herrlichen Wetter schwärmte, veredelte er die Beschreibungen mit seinen Worten.

Fasziniert hing ich an seinen Lippen, ohne selbst ein Wort zu sagen. Plötzlich blickte er auf seine überdimensional große Armbanduhr, legte das Geld für den Kaffee auf den Tisch und verabschiedete sich hastig. Schon war er weg.

Während ich ihm nachblickte, klangen seine Worte nach. Was dieses Treffen wohl zu bedeuten hatte? Als ich mich wieder meinem Eisbecher zuwandte, erblickte ich ein kleines Büchlein auf dem Stuhl, wo der Fremde gerade noch gesessen hatte. Schnell wollte ich ihm nachrufen, doch er war bereits in der Menschenmenge verschwunden.

Ich griff nach dem kleinen Büchlein und las die Inhaltsangabe. Es war ein philosophisches Buch. Sofort fiel mir die schöne Sprache auf. So gewählt drückte sich auch der Fremde aus. Also war er ein Philosoph.

Da der Fremde nicht mehr zurückkehrte, steckte ich das Büchlein ein, als ich ging. Vielleicht war es, bewusst oder unbewusst, für mich bestimmt …

An diesem Abend las ich vor dem Einschlafen in dem Büchlein. Ich empfand es als große Kunst, wie durch bestimmte Worte eine Erzählung verzaubert werden konnte. Tiefgreifende Gedanken waren in dem Büchlein beschrieben, welche den Inspirationen des Lesers freien Lauf ließen. Ohne eine endgültige Antwort zu geben, wurden Fragen des Lebens umschrieben. Gedanken zum Tod, zur Liebe …

Die philosophische Art der kritischen Hinterfragung erinnerte mich an meine eigenen, kritischen Gedanken der Jugendzeit.

Diese Art des Schreibens zog mich in ihren Bann. Sie faszinierte mich so sehr, dass ich mir noch mehr philosophische Bücher kaufte. Man sah mich kaum noch, ohne ein Buch in der Hand. Ich bemerkte, wie allmählich sogar meine Gedanken in derselben Art zu erzählen begannen. Die alltäglichsten Begebenheiten umschrieb ich in Gedanken mit spielerischen Worten und verlieh dadurch den banalsten Dingen Besonderheit.

Ich glaubte in der Philosophie die Antwort auf meine Frage finden zu können: Wer der Verursacher aller Dinge war.

Der verlorene Sohn

Je tiefer ich in die Philosophie eindrang, desto mehr suchte ich nach einer Pointe. Mir kam vor, dass die Philosophie vieles wunderbar umschrieb, es jedoch nie ganz auf den Punkt brachte.
Mir wurde klar, dass gerade diese schöne Umschreibung die endgültige Antwort frei ließ, um den Leser seinen eigenen Gedanken zu überlassen.

Ich notierte in meinem Notizblock diese wertvolle Erkenntnis: **Philosophie ist die wunderbarste Art, die Geheimnisse der Welt zu umschreiben, jedoch nicht, sie zu enträtseln.**

Die philosophischen Texte sprachen über die Ewigkeit, doch waren auch sie der Zeit unterworfen.
Ich lachte bei dem Gedanken an die überdimensional große Uhr des Fremden. Sein Modegeschmack verriet auch ein wenig von seiner Geisteshaltung.

So wurde die Philosophie Teil meines Lebens, auch wenn mir die Texte keine endgültigen Antworten gaben. Ich stellte mir die Frage, ob wohl die Verfasser dieser Texte die Antworten wussten, sie jedoch absichtlich nicht klar aussprachen. Das Verborgene, Unausgesprochene war ja oft das Interessanteste.

Zum ersten Mal suchte ich in dem kleinen Büchlein, das ich damals am See im Café „Stern" mitgenommen hatte, nach einem Autor. Ganz hinten fand ich eine kurze Biografie und ein Foto des Autors. Ich lachte laut, als ich das bekannte Gesicht erblickte. Es war der sonderbare Fremde, welcher das Büchlein liegen gelassen hatte.

Einige Wochen später machte ich seine Adresse ausfindig. Noch bevor ich auf den Klingelknopf an seiner Haustüre drücken konnte, öffnete sich die Türe und der Fremde rannte mich beinahe um. Mit einer knappen Entschuldigung wollte er weiter eilen, als er mich plötzlich erkannte.

Sofort ergriff ich die Gelegenheit und streckte ihm sein Büchlein entgegen.
Etwas verunsichert erzählte ich ihm, dass er es damals im Café „Stern" liegen gelassen hatte. Da er nicht zurückgekommen sei, hätte ich es mitgenommen und gelesen. Ich erzählte ihm von meiner Liebe zur Philosophie, die er mit seinen Worten in mir entfacht hatte.
Da lächelte er und meinte, er müsse ganz dringend zur Eröffnung einer Kunstausstellung, aber ich könne ihn begleiten und mich auf dem Weg mit ihm unterhalten.

Pausenlos sprach ich, und er hörte zu. Am Ende meiner Rede fragte ich ihn, warum denn die Philosophie die Sache nie beim Namen nenne.

Er erklärte mir: „Indem man die Dinge beim Namen nennt, beherrscht man sie. Den Geist jedoch darf man nie beherrschen.
Die Natur des Geistes ist wie das Wesen der Katze: Geheimnisvoll, unbeherrschbar und undurchschaubar."

„Heißt das, der Kern der Wahrheit, den die Philosophie umschreibt, hat mit der Geisteshaltung zu tun?" Ich hatte die Hoffnung, endlich eine zufriedenstellende Antwort zu erhalten. Er runzelte die Stirn und erwiderte forsch:
„So einfach kann man das nicht sagen. Es geht um weit mehr, als nur um die Geisteshaltung."
„Aber worum geht es dann?" fragte ich beinahe ungeduldig.

Wir erreichten die Kunstausstellung und unser Gespräch wurde unterbrochen. Dem Fremden schien es ganz recht zu sein, dass er das Gespräch nicht weiterführen musste. Wahrscheinlich hielt er mich für einen totalen Anfänger, der noch nichts verstanden hatte. Vielleicht hatte er auch recht damit …

Beim Betreten der Galerie überkam mich ein ganz neues Gefühl. Ich befand mich mitten unter Künstlern. Sie sprachen fachmännisch über die Bilder und bemerkten Details, die mir nie aufgefallen wären. Sie lobten die gewagten Farben, die scharfen Konturen, die feinen Linien, die Aussagekraft …
Zum ersten Mal erkannte ich, dass man Kunst nicht nur gefühlsmäßig beurteilen konnte. Für mich zählte eigentlich nur, ob mir ein Bild ein schönes Gefühl vermittelte oder nicht.

Eine junge Frau servierte Champagner. Ich versuchte mich so zu benehmen, als ob ich zu den Künstlern gehörte. Zwischen spitzen Fingern hielt ich das dünne Champagnerglas und trank schluckweise. Lange und intensiv betrachtete ich jedes Bild, erst dann wechselte ich zum Nächsten. Das kreative Lebensgefühl der Künstler gefiel mir, wenn es auch nicht das Richtige für mich gewesen wäre.

Die Angewohnheit, mich in das Lebensgefühl anderer Menschen hineinzudenken, hatte ich schon als Kind. Wenn ich zum Beispiel auf meinen Bus wartete, beobachtete ich die Menschen und malte mir aus, wie sie wohnten, was sie abends vor dem Einschlafen machten, was sie fühlten oder wie sie dachten.
Jetzt hatte ich das Lebensgefühl eines Künstlers geschmeckt.
Bevor ich die Kunstausstellung verließ, verabschiedete ich mich von dem Fremden. Eine Antwort erwartete ich nicht mehr. Überraschend zog er mich zur Seite und flüsterte mir zu: „Ich glaube die Philosophie ist nichts für dich. Vielleicht versuchst du es mal mit der Religion, wenn du unbedingt einen Namen brauchst." Dann wandte er sich von mir ab und gab mir zu verstehen, dass er kein weiteres Gespräch mehr wünsche.

Ich war mir ziemlich sicher, dass er deshalb so abweisend war, weil ihm bewusst wurde, dass er selber die Antwort auf meine Frage nicht kannte.
Also machte ich mich auf den Heimweg und dachte über seine Worte nach. Ich konnte seine Meinung nicht teilen, dass die Philosophie nichts für mich war. Vielleicht war sie einfach noch nicht das Endgültige. Warum also es nicht einmal mit der Religion versuchen? Als Kind hatte ich schließlich den Religionsunterricht gerne besucht und mir die Geschichten gespannt angehört. Irgendwo musste doch die Antwort auf meine Fragen zu finden sein …

Als ich abends im Bett lag, ließ ich den vergangenen Tag Revue passieren.
In meiner Erinnerung spürte ich noch einmal dem Lebensgefühl der Künstler nach.
Doch das schönste Lebensgefühl war für mich nach wie vor das eines einfachen Hirten. Ich stellte mir vor, wie ich unter freiem Himmel an einem wärmenden Feuer lag. Die wolligen Schafe lagen dicht zusammen gekuschelt in meiner Nähe und ihr leises Blöken übertönte die Stille der Nacht. Das Lebensgefühl eines Hirten musste einfach wunderbar sein. Es bedeutete für mich innere Freiheit und die Liebe zum Leben. Der Gedanke an die gutmütigen Augen eines hingebungsvollen Schafes ließ mich alle Frevel dieser Welt vergessen. Mit diesen Gedanken schlief ich schließlich ein.

Am Sonntag besuchte ich zum ersten Mal seit vielen Jahren wieder die Sonntagsmesse in der Kirche. Vieles hatte sich inzwischen verändert. Am Stärksten mein Bewusstsein. Auch kannte ich kaum noch jemanden. Mir fiel auf, dass hauptsächlich ältere Leute in den Reihen saßen. Wo waren die jungen Menschen? Wo die Familien mit ihren Kindern? Es schien, als ob das Interesse an der Religion nicht nur mir verloren gegangen war. Reue erfüllte mein Herz.

Meine Großmutter war regelmäßig zur heiligen Messe gegangen. Sie war kein religiöser Mensch, aber sehr gläubig. Immer wieder hatte sie mir eingebläut, wie wichtig es sei, die Traditionen zu achten und zu halten. Sie hielt nicht viel von der „modernen" Kirche, vielmehr fand sie ihre Wurzeln in den überlieferten Traditionen. Es wunderte mich, dass ich schon so lange nach der Wahrheit suchte und nie auf die Idee kam, sie in der Religion zu suchen.

Mit bedächtigen Schritten betrat der Pfarrer die Kanzel. Die Hände hielt er gefaltet vor der Brust. Das Gemurmel in den Reihen verstummte. Es herrschte eine andächtige Stimmung in der kleinen Kirche. Die Orgel erklang und füllte den hohen Raum mit unbeschreiblichen Klängen. Mein Blick wanderte über die prachtvollen Malereien, den goldverzierten Stuck, welcher die Rundungen der mächtigen Säulen zierte, und die bunten Glasmalereien der Fenster. Die kleine Kirche war ein wunderbares Kunstwerk. Es berührte mich, mit welcher Hingabe die Menschen das so genannte „Haus des Ewigen" errichtet hatten.

Mucksmäuschenstill saßen die Menschen in den Reihen und blickten ehrfurchtsvoll zum Pfarrer, der gerade seine Predigt begann.

Er sprach: „Liebe Gemeinde, es ist mir ein Herzensanliegen, euch heute eine bekannte Stelle aus Lukas 15 zu zitieren:

(11) ... Weiter sagte Jesus: Ein Mann hatte zwei Söhne.
(12) Der jüngere von ihnen sagte zu seinem Vater: Vater, gib mir das Erbteil, das mir zusteht. Da teilte der Vater das Vermögen auf.
(13) Nach wenigen Tagen packte der jüngere Sohn alles zusammen und zog in ein fernes Land. Dort führte er ein zügelloses Leben und verschleuderte sein Vermögen.

(14) Als er alles durchgebracht hatte, kam eine große Hungersnot über das Land und es ging ihm sehr schlecht.

(15) Da ging er zu einem Bürger des Landes und drängte sich ihm auf; der schickte ihn aufs Feld zum Schweinehüten.
(16) Er hätte gern seinen Hunger mit den Futterschoten gestillt, die die Schweine fraßen; aber niemand gab ihm davon.
(17) Da ging er in sich und sagte: Wie viele Tagelöhner meines Vaters haben mehr als genug zu essen und ich komme hier vor Hunger um.
(18) Ich will aufbrechen und zu meinem Vater gehen und zu ihm sagen:
Vater, ich habe mich gegen den Himmel und gegen dich versündigt.
(19) Ich bin nicht mehr wert, dein Sohn zu sein; mach mich zu einem deiner Tagelöhner.
(20) Dann brach er auf und ging zu seinem Vater. Der Vater sah ihn schon von weitem kommen und er hatte Mitleid mit ihm. Er lief dem Sohn entgegen, fiel ihm um den Hals und küsste ihn.
(21) Da sagte der Sohn: Vater, ich habe mich gegen den Himmel und gegen dich versündigt; ich bin nicht mehr wert, dein Sohn zu sein.

(22) Der Vater aber sagte zu seinen Knechten: Holt schnell das beste Gewand und zieht es ihm an, steckt ihm einen Ring an die Hand und zieht ihm Schuhe an.
(23) Bringt das Mastkalb her und schlachtet es; wir wollen essen und fröhlich sein.
(24) Denn mein Sohn war tot und lebt wieder; er war verloren und ist wiedergefunden worden. Und sie begannen, ein fröhliches Fest zu feiern.
(25) Sein älterer Sohn war unterdessen auf dem Feld. Als er heimging und in die Nähe des Hauses kam, hörte er Musik und Tanz.
(26) Da rief er einen der Knechte herbei und fragte, was das bedeuten solle.
(27) Der Knecht antwortete: Dein Bruder ist gekommen und dein Vater hat das Mastkalb schlachten lassen, weil er ihn heil und gesund wiederbekommen hat.
(28) Da wurde er zornig und wollte nicht hineingehen. Sein Vater aber kam heraus und redete ihm gut zu.
(29) Doch er erwiderte dem Vater: So viele Jahre schon diene ich dir, und nie habe ich gegen deinen Willen gehandelt; mir aber hast du nie auch nur einen Ziegenbock geschenkt, damit ich mit meinen Freunden ein Fest feiern konnte.
(30) Kaum aber ist der hier gekommen, dein Sohn, der dein Vermögen mit Dirnen durchgebracht hat, da hast du für ihn das Mastkalb geschlachtet.
(31) Der Vater antwortete ihm: Mein Kind, du bist immer bei mir, und alles, was mein ist, ist auch dein.
(32) Aber jetzt müssen wir uns doch freuen und ein Fest feiern; denn dein Bruder war tot und lebt wieder; er war verloren und ist wiedergefunden worden."

Wieder ertönte die Orgel und ließ die Worte des Pfarrers noch tiefer in die Herzen der Menschen eindringen.
Und der Pfarrer sprach weiter: „Auch unter uns befinden sich welche, die den Weg des verlorenen Sohnes gegangen sind. Und da draußen sind noch viel mehr von denen, welche sich vom Vater

abgewandt haben und großes Leid in der Einsamkeit erfahren.
Doch es ist nie zu spät, umzudrehen und umzudenken. Ihr könnt sicher sein, dass der Vater sich über jeden Einzelnen freut, der Einsicht erlangt und zu ihm zurückkehrt."

Ich war betroffen und hatte das Gefühl, dass er diese Worte nur für mich gesprochen hatte. Ein Raunen ging durch die Reihen.
Ich war mir nicht sicher, ob ich es mir nur einbildete, aber ich hatte das Gefühl, dass die Menschen über mich sprachen und zu mir herschauten. ICH war der „verlorene Sohn".

All das, was mir der Vater an Talenten, Wissen und Erkenntnissen mitgab, nutzte ich, um in der Welt Erfolg zu haben. Ich lebte ein exzessives Leben und verlor dadurch alles, was ich hatte. Heute war ich zurückgekehrt, mit Reue.
Nach der Messe verließ ich aufgewühlt die Kirche. Am Eingang versammelten sich die Menschen und unterhielten sich.
„Eine schöne Predigt", hörte ich eine ältere Frau sagen. Als ich sie anschaute, lächelte sie mich freundlich an und fragte: „Sind sie neu hier? Ich habe sie hier noch nie gesehen."
Mit gesenktem Blick antwortete ich: „Nein. Ich war nur lange Zeit nicht mehr hier."
Da lachte sie herzhaft. Kein Funke eines Vorwurfes war in ihren Augen als sie meinte: „Dann hat dir die heutige Predigt bestimmt gefallen. Mein Name ist Mirjam, ich kann dir gerne etwas behilflich sein, wenn du hier Anschluss finden möchtest." Ihre Augen strahlten. Sie erinnerte mich an meine Großmutter und ich hatte sofort Vertrauen zu ihr.

Ich dankte für das nette Angebot und schrieb mir ihre Adresse auf.

Auch die anderen Menschen sahen mich interessiert an. Sie verurteilten mich nicht, eher freuten sie sich, dass ich wieder zurückgekehrt war.

„Ich weiß wie du dich fühlst", richtete ein älterer Mann das Wort an mich. Aus seinem Mundwinkel hing eine Pfeife. Sein Gesicht war voller Runzeln. Man konnte sehen, dass er kein solides Leben hinter sich hatte.
Grinsend fügte er hinzu: „Nicht jeder ist zum Pfaffen geboren. Die Genüsse der Welt haben auch ihren Reiz. Doch irgendwann wird man zu alt für den Mist." Er lachte mit heißerer Stimme und ich musste ebenfalls lachen.
Ich war dankbar, dass ich noch rechtzeitig mein Fehlverhalten erkannte.

Als ich abends im Bett lag, hielt ich den kleinen Zettel in der Hand, auf dem ich mir die Adresse von Mirjam notiert hatte. Die Worte und Bilder des vergangenen Tages zogen durch meine Erinnerungen und mit einem zufriedenen Lächeln schlief ich ein.

Der Kern der Wahrheit

Die Woche verging wie im Flug. Obwohl ich es mir fest vorgenommen hatte, fand ich nicht die Zeit, Mirjam zu besuchen. Also machte ich mich am nächsten Sonntag erneut auf den Weg zur Kirche. Mirjam war nirgends zu sehen, darum fragte ich nach der Messe den Alten mit der Pfeife nach ihr.
„Die alte Hexe kommt nur, wenn es ihr passt", gab er argwöhnisch zur Antwort und lachte wieder mit seiner heißeren Stimme. Wieso nannte er sie eine „alte Hexe"? fragte ich mich. Ich beschloss, es ohne seine Hilfe herauszufinden.
Der Alte war mir nicht ganz geheuer. Den Zettel mit Mirjams Adresse hatte ich in meiner Jackentasche und so entschloss ich mich kurzerhand, ihr einen Besuch abzustatten.

Die Suche endete vor einem kleinen, gepflegten Häuschen mit einem bezaubernden Garten. Blumen in allen Farben schmückten das weiße Häuschen. Eine Veranda aus dunklem Holz verbreitete eine idyllische Atmosphäre. Im Schaukelstuhl auf der Veranda saß Mirjam und wippte vor und zurück.
Als sie mich sah, lächelte sie als ob sie mich erwartet hätte. Zögernd betrat ich die Veranda und begrüßte Mirjam mit den Worten: „Ich möchte wirklich nicht stören, an deinem freien Sonntag."

Sie lächelte nur und bat mich Platz zu nehmen. „Ich dachte mir schon, dass du heute kommen würdest, nachdem wir uns in der Kirche nicht begegnet sind", erklärte sie mir. „Man findet mich dort nicht oft."

Verwundert wollte ich wissen, warum sie nicht regelmäßig zur Kirche gehe. Ob sie keine enge Verbindung zur Religion hätte.
Ein leises Lächeln huschte über ihr rundes Gesicht mit den vielen Lachfalten.
„Wieso denken so viele Menschen, dass die Religion etwas mit der Kirche zu tun hätte?" stellte sie die Gegenfrage.
Ich war erstaunt. Diese Frage hatte ich beim besten Willen nicht erwartet. Es schien mir selbstverständlich, dass jeder, der etwas von der Religion hielt, die Kirche besuchte.

Als sie mein ratloses Gesicht sah, erwartete sie keine Antwort. Darum sprach sie weiter: „Wenn man das Wort ‚Religion' in seinem Ursprung betrachtet, bedeutet es nichts anderes als ‚Rückbesinnung'. Das Wesen der Religion ist es, sich an die allumfassende Wahrheit zurückzubesinnen. Die Menschen haben zu allen Zeiten diese Umkehr ernst genommen. Sie glaubten den Weg gemeinsam leichter finden zu können und bildeten Kirchen, Moscheen, Synagogen oder Tempel, in denen sie sich trafen und gemeinsam den Weg suchten. Doch im Laufe der Jahre erkannten einige Menschen ihre Möglichkeit, Macht zu erlangen. Sie verschlossen die Wahrheit vor der Allgemeinheit und stellten sich selber als ‚Vermittler der Wahrheit' in den Mittelpunkt.

Sie machten sich selber zu Götzen. Wie alles zu einem Götzen wird, was versucht den Platz des Ewigen in der Welt einzunehmen. Jeder von ihnen glaubte, sein Glaube wäre der Richtige und er müsse alle anderen Menschen von dieser Wahrheit überzeugen, notfalls mit Gewalt."

Sie machte eine kurze Pause und trank einen Schluck Tee, bevor sie weitererzählte: „In Wahrheit hat jeder Mensch seine eigene Vorstellung, was die Wahrheit, der Ursprung oder der Ewige ist. Das ist auch gut so, solange er nicht versucht, die anderen Menschen von seinem eigenen Bild zu überzeugen. Man sollte jedem seine eigene Vorstellung lassen ..."

Mirjam lehnte sich in den Schaukelstuhl zurück und sah mich erwartungsvoll an. Ihre Worte verfehlten nicht ihre Wirkung. Ich spürte die Wahrheit in ihren Aussagen und versuchte sie mir zu merken. Also zog ich einen Notizzettel aus meiner Tasche und bat um Schreibzeug. Ich notierte mir zwei Sätze, die mir besonders wichtig erschienen:

- Das Wesen der Religion ist es, sich an die allumfassende Wahrheit zurückzubesinnen.
- Jeder Mensch hat seine eigene Vorstellung, was die Wahrheit, der Ursprung oder der Ewige ist.

Eine Frage drängte sich mir auf: „Ist es denn falsch, in die Kirche zu gehen?"
„Oh nein, ganz und gar nicht. Die Kirche ist wie ein schützender Mantel, der den Menschen warm hält, ihm Schutz bietet. Sie umhüllt die Wahrheit, wie die Nussschale den wertvollen Kern umhüllt. Aber, sobald der Mensch glaubt, die Kirche wäre im Besitz der Wahrheit, macht er sie zu einem Götzen und wird die echte Wahrheit niemals finden."

Ich nickte nachdenklich und fragte weiter: „Und wo genau finden wir die Wahrheit?"

„Im Wort", war ihre rasche Antwort.
Sofort griff ich nach dem Stift und schrieb in Großbuchstaben auf den kleinen Zettel:
Die Wahrheit liegt IM WORT!
Ich wusste noch nicht, was dies genau bedeutete, aber in meinem Herzen begann etwas aufzuleben, was lange Zeit geruht hatte.

Von da an trafen wir uns regelmäßig und ich lernte viel von Mirjam. Gemeinsam lasen wir die heilige Schrift, die Sprüche, die Verse, die Verheißungen ...

Immer tiefer drang ich in diese Realität ein. Ich kannte bald viele Stellen auswendig und konnte bei theologischen Diskussionen mitreden.

Meine größte Faszination galt nach wie vor der Krippenerzählung. Durch das Studium der Schriften kannte ich nun sämtliche Erzählungen zur Krippe. Wenn ich zu Weihnachten die Holzfiguren meines Urgroßvaters aufstellte, benannte ich jede einzelne Figur nach ihrem Namen.

Das Gefühl, das ich damals bei Großmutter verspürt hatte, konnte ich jedoch nicht mehr in derselben Intensität nachempfinden. War es nur ein kindlicher Traum? ...

Jahre vergingen, in denen ich mir immer mehr Wissen über das Wort und die Traditionen aneignete. Meine Wissbegierde war grenzenlos.

In der kleinen Gemeinde war ich nach kurzer Zeit für meinen Lerneifer bekannt. Der Pfarrer lächelte zufrieden, wenn er mich sonntags in der Bankreihe sitzen sah.

Die Lehre Jeschuas verbreitete ich, wo auch immer ich hinkam. Ich glaubte es den Menschen schuldig zu sein, von der christlichen Nächstenliebe zu erzählen, so wie ich sie erfahren hatte.
Wenn ich von meinen Erlebnissen und Erkenntnissen erzählte, so sprach ich aus ganzem Herzen und voller Seele. Viele Menschen wurden durch meine Worte tief berührt, sodass sie ebenfalls zum Glauben zurückkehrten.

Diese Erlebnisse versetzten mich in euphorische Zustände. Dennoch verließ mich das Gefühl nicht, dass mir noch immer etwas fehlte.
Ich fühlte mich mit dem Wort und der Lehre Jeschuas verbunden, aber eine wirkliche Antwort auf meine existenzielle Frage konnte ich beim besten Willen nicht finden.

Das Wort zeigte mir, dass der Ewige derjenige war, der alle Dinge lenkte und bestimmte. So hätte ich die Antwort auf meine Frage eigentlich gefunden. Doch da ich keine wirkliche Beziehung zum Ewigen hatte, empfand ich es wie eine theoretische Formel.

Wer oder was war „der Ewige"? Wo fand ich „ihn"? Wie konnte ich mit „ihm" eine persönliche Beziehung aufbauen?
Ich fühlte mich wie einer der im Wort beschriebenen Schriftgelehrten, die sämtliche Stellen auswendig kannten, jedoch keine persönliche Beziehung zu „ihm" erlebten.

War meine Art der Annäherung falsch? Obschon es meine tiefste Überzeugung war, dass die Antworten auf alle Fragen im Wort zu finden wären, konnte ich sie nicht finden. Es konnte also nur an mir liegen, dass sich mir das Wort nicht offenbarte.

Beschäftigte ich mich zu viel mit der „Schale", anstatt nach dem Kern der Wahrheit zu suchen? …

Vielleicht fühlte ich mich durch den Schutz des Mantels zu sehr geborgen, um ihn wieder abzulegen …

Doch letztendlich ist auch er nur eine Leihgabe. Denn die wahre Geborgenheit kann nur im Kern der Wahrheit gefunden werden …

Klarheit

In der kommenden Zeit besuchte ich Mirjam wieder weniger. Über die Jahre waren wir gute Freunde geworden. Sie hatte mir beigebracht, die Wunder einer anderen Welt zu erkennen und an den Einfluss der Ewigkeit auf das Leben zu glauben. Ich verdankte ihr sehr viel. Dennoch wussten wir beide, dass ich mir zuerst über einige Dinge klar werden musste, bevor wir weiter lernen konnten.
Auch in der Kirche ließ ich mich kaum noch blicken. Der Gedanke, dass ich mich dem Wort auf falsche Weise genähert haben könnte, bohrte sich in mein Herz. War ich unehrlich zu mir selber? Suchte ich vielleicht gar nicht wirklich nach der Wahrheit, sondern nur nach einer emotionalen Befriedigung? Wenn ich die Menschen in meiner näheren Umgebung beobachtete, konnte man meinen, es läge in der menschlichen Natur, sich Ersatzhandlungen hinzugeben. **Das war es, was Mirjam als „Götzen" beschrieben hatte: Dinge, die dem Menschen so wichtig waren, dass sie ihm wichtiger als die Wahrheit wurden.**

Ich begann an mir zu zweifeln: an meiner Ehrlichkeit, an meiner Hingabe …
Mit dem Selbstzweifel kamen auch die Zweifel an der Medizin, der Philosophie, der Religion, an allem, womit ich mich bis heute auseinandergesetzt hatte, um Antworten zu finden. Ich fiel regelrecht in ein Loch, aus dem mich niemand, außer ich selbst, wieder herausziehen konnte.
Ich musste mir Klarheit verschaffen, wo die Wahrheit und wo die Lüge zu finden war. Inwieweit ich ehrlich zu mir war und in welchen Bereichen ich Götzen diente. Aber wie um alles in der Welt erkennt man „Götzen" in seinem Leben?
Da stand ich vor dem nächsten Rätsel. Langsam hatte ich den Eindruck, als ob jede meiner Fragen noch mehr Fragen aufwerfen würde.

Einige Wochen später saß ich seit langer Zeit wieder einmal im Café „Stern" am See, wo ich damals mit der Philosophie konfrontiert wurde. Auf der Rückseite der Tageszeitung, die auf dem Tisch lag, fiel mir die Ankündigung für eine Esoterikmesse auf.
Wahrsagen, alternative Heilweisen, Zukunftsanalysen, Kartenlegen, Lebensberatung, Energiearbeit und vieles mehr wurde angeboten. Nichts von alledem war mir bekannt. Da ich jedoch offen für alles Neue war, beschloss ich, es kennenzulernen.

Zum wiederholten Mal hatte ich nun im Café „Stern" einen „Wink des Schicksals" erhalten. Ich lächelte beim Gedanken, dass es wohl an seinem Namen liegen musste. In der Krippenerzählung war es auch ein Stern, der den drei Königen den Weg gewiesen hatte. War ich vielleicht auch ein König, auf dem Weg zum Erlöser? …

Drei Tage später betrat ich die Messehalle. Noch nie hatte ich so viele Produkte und Lebensphilosophien der unterschiedlichsten Richtungen an einem Ort versammelt gesehen. Es kam mir vor, als ob hier der Ort wäre,

an dem die Grenzen der Religionen durchbrochen werden könnten.
Christen begrüßten Indianer wie Brüder und Buddhisten standen Rücken an Rücken mit afroamerikanischen Ureinwohnern.
In der Esoterik herrschte absolute Glaubensfreiheit. Jeder brachte einen Schatz aus seiner Kultur mit und teilte ihn mit den anderen.

Fasziniert schritt ich durch die Reihen und las die Angebote, welche die Menschen aus ihrer Kultur anboten. Auf einem handgeschriebenen Schild las ich die Aufschrift „Madame Antoinette – Tarot für Zukunftsprognosen und Partnerschaftsanalysen". Noch bevor ich zu Ende lesen konnte, stand eine rothaarige Frau vor mir und wollte mich zu einer Beratung überreden.
Obwohl ich viele Fragen gehabt hätte, war ich skeptisch. Ich fragte sie, woher „Tarot" ursprünglich herstamme. Mit einem fragenden Blick starrte sie mich an. Ihrem Gesichtsausdruck konnte ich entnehmen, dass sie sich noch nie über den Ursprung des Tarot Gedanken gemacht hatte. Ich bedankte mich und ging weiter.
An einigen anderen Ständen machte ich jedoch dieselbe Erfahrung. War es möglich, dass Menschen Geld verlangten für eine Lebensberatung und gar nicht wussten, woher ihr Wissen stammte?
In der letzten Reihe saß eine einfache Frau an einem runden Tisch und trank eine Tasse Kaffee. Auf dem Plakat standen nur zwei Worte: „Was und warum."
Es war auffallend wenig Interesse an ihrem Stand. Die anderen Kartenleger, Zukunftsforscher und Wahrsager hatten sehr viel Kundschaft. Sie jedoch saß ganz bescheiden zwischen den Abteilungen und wartete, dass jemand sie ansprechen würde.
Langsam näherte ich mich ihrem Stand und stellte ihr dieselbe Frage, die ich zuvor den anderen Kartenlegern gestellt hatte.
Sie lächelte sichtlich erfreut über mein Interesse und erzählte:
„Der Ursprung des Tarot liegt in der Tora. Liest man das Wort „Tarot" von rechts nach links, so wie die hebräische Sprache, kann man dies erkennen. Noch besser erkennt man es im Kreis." Mit einem Bleistift schrieb sie die vier Buchstaben im Kreis auf:

T
O   **A**
R

„Es ist eine alte Tradition, dass man das Wissen aus der Tora in bildlicher Form darstellt und als Karten benutzt. Sie dienen als Orakel, die uns aufzeigen, wo man in seiner geistigen Entwicklung gerade steht."
Ich war begeistert von ihren Worten. Mit einer so sinnigen Antwort hatte ich nicht gerechnet. „Aus meiner Religion kenne ich das Wort Tora, doch was genau bedeutet es?" wollte ich wissen.
„Du bist Christ, nicht wahr?" fragte sie zurück, und auf mein Nicken erzählte sie weiter: **„Die Tora ist die Grundlage und der Ursprung des so genannten „Alten Testaments". Das so genannte „Alte Testament" ist eine Übersetzung aus den Originalschriften in Hebräisch und Aramäisch."**

Nachdenklich blickte ich auf die Karten mit den einfachen Zeichnungen. Hebräische Buchstaben und Zahlenwerte waren zu erkennen. Ich konnte mir nicht vorstellen, wie sie anhand dieser Karten meine geistige Entwicklung erkennen wollte. Da sie sehr seriös wirkte, entschloss ich mich, eine Beratung bei ihr zu machen.
Als ich jedoch eine Frage über meine Zukunft stellte, hielt sie inne. Sie blickte mich ernst an. „Weißt du, wie gefährlich solche Fragen sein können?“ Ich verstand nicht was sie meinte und entgegnete, dass viele andere Kartenleger Zukunftsprognosen anboten.
„Ich will dir etwas sagen“, belehrte sie mich. „Unser Leben besteht aus vielen Entscheidungen. Diese Entscheidungen stellen die Weichen für unser zukünftiges Leben. Was geschieht, wenn wir ein Orakel nach unserer Zukunft befragen? Es nimmt uns die Möglichkeit eine persönliche Entscheidung zu treffen, da wir die Antwort bereits kennen. Die Weichen werden nicht mehr gestellt und wir verlieren langsam unseren Lebensweg aus den Augen.
Was würde es dir helfen, wenn du heute wüsstest, was morgen ist? Ist es etwas Gutes, so beraubst du dich der Überraschung des Lebens und verlierst deine Lebensfreude. Ist es etwas Schlechtes, lebst du fortan in Angst und wirst verbittert. Zukunftsprognosen sind etwas sehr gefährliches, glaube mir.“

Sie lehnte sich im Stuhl zurück und ich wusste, dass sie eine Entscheidung von mir erwartete. Sollte ich aufstehen und gehen? Oder sollte ich ihren Worten Glauben schenken?

Schließlich nickte ich verständnisvoll. Ich bewunderte ihre Ehrlichkeit. Wahrscheinlich hatte sie dadurch schon viele zahlende Kunden verloren. Sie zog eine Karte und rief überrascht: „Kuf, die 100. Eine schwere, oft missverstandene Karte. Da sie die Sonne repräsentiert, glauben viele Menschen, es wäre das vollkommene Glück. Doch um zu diesem Glück zu gelangen, muss der Mensch hartes Leid durchleben. Die Überlieferung sagt, dass der Mensch an dieser Stelle durch ein Nadelöhr gehen muss.

Es ist der Zustand der vollkommenen Verzweiflung. Der Moment, indem der Mensch erkennt, dass er alles versucht hat um sein Glück zu finden, es aber trotzdem nicht erreichen kann.
Machtlos und ratlos steht er vor den Trümmern seines Lebens. Um das naheliegende Glück zu erreichen, muss er sich frei machen von allen Altlasten. Alles was ihn von der Wahrheit trennt, muss er aufgeben. Sonst wird er nie das Nadelöhr durchqueren.“

Ich schluckte. Wie um alles in der Welt war es möglich, dass diese Frau mit so wenigen Worten meine Lebenssituation beschreiben konnte? Als ich mich nach einiger Zeit wieder gefasst hatte, meinte ich: „Das ist absolut genau die Situation, in der ich mich befinde …
Ich muss alles aufgeben, was mich von der Wahrheit trennt.“

Nachdenklich blickte ich auf die Karten und fragte weiter, ob sie mir auch sagen könne, was die Wahrheit sei?
Sie hob ihre Augenbrauen und antwortete bedächtig:

„Hör zu. **Ein Orakel sagt dir nie die Wahrheit. Es sagt dir immer genau das, was du hören musst, um den nächsten Schritt zu tun, der dich letztendlich zur Wahrheit führen wird.“**
Da verstand ich, dass ich bereits alles gehört hatte, was zu hören notwendig war. Also bedankte ich mich und bezahlte. Beim Verabschieden steckte sie mir eine Karte mit ihrer Telefonnummer zu. „Man weiß ja nie …“ meinte sie augenzwinkernd.

Beim Verlassen der Messe stieß ich mit einem alten Inder zusammen. Als ich mich entschuldigen wollte, blickte ich in seine faszinierenden Augen und vergaß für einen Moment die Welt um mich herum. Dann war er plötzlich verschwunden, ehe ich mich entschuldigen konnte.

Obwohl ich gehen wollte, beschloss ich, wenigstens einen Blick auf den Stand des Inders zu werfen. Was er wohl anbot?
Erneut schlenderte ich durch die Reihen. Da gab es Engel, Reiki, Channeling und noch einige andere sonderbare Dinge, die mich jedoch nicht anzogen. Plötzlich las ich auf einem Plakat, in Großbuchstaben: „Reinkarnation“. Der alte Inder grinste bereits, als er mich kommen sah.
Etwas unsicher trat ich zu ihm und entschuldigte mich, dass ich ihn zuvor so forsch angerempelt hatte. Er lachte und sprach mit fremdländischem Akzent: „Es geschieht nichts umsonst.“
Ich verstand nicht, was er damit sagen wollte. Da trat eine junge Frau zu mir, wahrscheinlich seine Schülerin.

Sie sagte: „Er meinte, dass es im kosmischen Plan war, dass du mit ihm zusammengestoßen bist und deshalb hierher kamst.“ Ich lächelte gezwungen und bereute meinen Entschluss, nochmals zurückgekommen zu sein. Sofort versuchte die Schülerin des Inders, mir über ihre Philosophie zu erzählen.
Der alte Inder winkte jedoch ab und meinte, er wolle persönlich mit mir sprechen. Mir wurde mulmig zumute. Was wollte er von mir? War ich in die Fänge einer Sekte geraten?
„Du suchst Antworten“, begann er. „Das ist gut. Sehr gut.“
Noch immer wusste ich nicht, was ich davon halten sollte. Doch ich gab ihm die Chance, von seinem Wissen zu erzählen.

„Weißt du, was ‚Reinkarnation‘ bedeutet?“ fragte er. Ich verneinte.
„Es bedeutet in deiner Sprache ‚Wiederverkörperung‘. Die menschliche Seele ist in ihrer Natur einem steten Wandel unterworfen. Ob bewusst oder unbewusst entwickelt sich die menschliche Seele und lernt dazu, bis der Mensch zu einem höheren Bewusstsein gelangt. Man kann es sich so vorstellen wie die Metamorphose eines Schmetterlings. Als Raupe wird sie geboren, verpuppt sich, bis der innere Entwicklungsprozess abgeschlossen ist und wird dann ein wundervoller Schmetterling. Wir Menschen sind wie dieser Schmetterling. Doch anders als unsere Tierfreunde verpuppen wir uns mehr als einmal im Leben. Immer wieder kommen wir zu einer Wende, die uns in eine neue Lebensphase führt. Hast du so etwas schon einmal bewusst erlebt?“

Ich nickte nachdenklich. Mein Leben hatte sich bereits zweimal komplett gewendet.

„Die westliche Welt versucht die alten Schriften unserer Kultur, welche in Sanskrit geschrieben sind, zu interpretieren. Nun scheint es in der westlichen Welt nicht üblich zu sein, dass ein Mensch bewusst unterschiedliche Lebensphasen durchläuft.
Deswegen denken viele westliche Menschen, die Reinkarnation würde den Tod und eine weitere Geburt in einem anderen Körper voraussetzen. Das jedoch ist mit Reinkarnation nicht gemeint. Vielmehr sollte der Mensch IM Leben immer wieder sterben und neu geboren werden, indem er Altes zurück lässt und sich für ein neues Bewusstsein öffnet.

Das ist oft sehr schmerzhaft. Wer es einmal erlebt hat, weiß das genau. Viele Dinge müssen wir loslassen, die uns am Herzen lagen. Aber gerade dieser Wandel ist der Sinn unseres Lebens."
„Ist dies eine indische Weisheit?" wollte ich wissen und er bejahte.
Nach einer kurzen Überlegung fragte ich ihn, ob es denn Sinn mache nach Indien zu reisen, um Antworten auf meine Fragen zu erlangen.
Kopfschüttelnd antwortete er: „Jeder Mensch ist in eine Kultur oder Religion hineingeboren. Es ist seine Aufgabe, in dieser seine Bestimmung zu finden. Andernfalls wäre er nicht dorthin geboren worden. In der indischen Kultur nennen wir dies „Karma", Schicksal.
Der westliche Mensch ist fasziniert von unserer Kultur, weil sie ihm fremd ist. Er denkt, Indien wäre ein spirituelleres Land als sein eigenes, weil ihm in seiner Heimat alles vertraut und alltäglich erscheint. Doch würde er mit derselben Hingabe in seiner eigenen Kultur nach Antworten suchen, könnte er sie sogar noch viel einfacher finden. Jeder Mensch sollte bei seiner Wurzel bleiben.
Wenn du nach Indien reist, um deine Bestimmung zu finden, ist es etwa so, als wenn eine Palme in die Schweizer Alpen umgepflanzt werden würde. Oder ein Tannenbaum in die Wüste.

Wozu willst du den Baum seiner Art entfremden, wenn die Essenz des Lebens doch überall dieselbe ist?
Es wäre eine Flucht nach Indien zu gehen, um das zu finden, was vor deiner eigenen Haustüre liegt. Die Wahrheit ist überall auf der Welt verborgen. Wer sie ehrlich sucht, wird sie auch finden."
Ich dachte lange über die Worte des alten Inders nach. Er sagte, dass die Wahrheit überall verborgen sei.

Als ich im Zug saß, blickte ich in die Berge. Ich schmunzelte bei der Vorstellung, dass Palmen auf ihren Gipfeln wuchsen und im Winter schneebedeckt in den Himmel ragten. Nein, es war wirklich sinnlos, sich von seiner Wurzel derart zu entfremden.
Viele Dinge hatte ich an diesem Tag gehört, doch die Aussage, „dass der Mensch sich frei machen muss von Altlasten, um das wahre Glück zu erreichen" blieb mir im Bewusstsein. Es wurde mir klar, dass ich an einem Punkt stand, der eine Entscheidung forderte: Alles oder Nichts.

Freiwerden

Immer wieder kreisten die Worte der Kartenlegerin in meinen Gedanken: „Um das naheliegende Glück zu erreichen, muss der Mensch sich frei machen von allem, was ihn von der Wahrheit trennt." Doch was trennte mich von der Wahrheit? Die eigenen Ersatzhandlungen erkennt man nur schwer. Also begann ich aufmerksam die Interessen meiner Mitmenschen zu studieren. Nicht, um zu verurteilen, sondern um meine eigenen Schwächen zu erkennen. Ich beobachtete, welchen Dingen sie übermäßig großen Wert zumaßen und was ihnen wichtiger war als die Wahrheit. Ich versuchte auch in den Nachrichten „zwischen den Zeilen" zu lesen, worum sich das globale Bewusstsein drehte. Wo die Schwerpunkte der Aufmerksamkeit lagen. **Die Außenwelt spiegelte mir, was ich in meinem Inneren noch nicht erkennen konnte.**

Da war zum Beispiel meine Arbeitskollegin. Sie blätterte jeden Tag in der Mittagspause in einer Zeitschrift. Es hatte mich bisher wenig interessiert, was sie sich tagtäglich zu Gemüte führte. Doch nun wollte ich wissen, mit welchen Themen sie sich so intensiv beschäftigte. Es war eine Frauenzeitschrift. Tipps zu Kosmetik, Diäten, Urlaubsreisen, Mode und viel Tratsch über Prominente. Alle Artikel handelten von Äußerlichkeiten, kombiniert mit einem Schuss Schönheitswahn.

Ein anderer meiner Arbeitskollegen fuhr viermal jährlich in Urlaub. Für ihn war die Arbeit nur die lästige Zeit, in der er Geld für seinen nächsten Urlaub verdienen musste. Auf seinem Tisch lagen Fotos vom vergangenen Urlaub und viele Prospekte mit seinen nächsten Reisezielen.

Egal wo ich hinsah, ich erkannte sofort die „Götzen", Ersatzbefriedigungen, die von der Wahrheit ablenkten.

Beim einen war es der exzessive Sport, beim anderen sein neuer Sportwagen, der nächste konnte nicht ohne seine Freunde auskommen, wieder ein anderer hing so sehr an seiner Familie, dass er nicht ohne sie leben konnte ...

Die Liste war schier endlos. Fast alles konnte in der Überbetonung zu einer Ersatzbefriedigung werden. Um nur einige zu nennen: Ernährung, Diäten, Schönheit, Urlaub, Partys, Anerkennung, Geld, Essen, Wellness, Krankheiten, Sport, Politik, Arbeit, Religion, Konsum, Mode, Helfersyndrom, Erotik, Freundschaften, Lerneifer, Unterhaltungen, Jugendwahn, Alkohol, Filme, Computer, Börse, Musik, Spiele, Bücher ... Egal wen ich beobachtete, jeder hatte irgendetwas, das er wie eine Droge konsumierte. Es schenkte ihm eine Art „Befriedigung", die ihn die innere Leere kurzfristig vergessen ließ.

Mit ein paar nahestehenden Personen versuchte ich über diese Problematik zu sprechen. Sie verharmlosten es mit den Worten, es sei doch alles im „normalen" Bereich. Sie könnten ohne Probleme auf all diese Dinge verzichten. Aber sie hätten keinen Grund dazu. „Wir Menschen sind in so vielen Dingen unehrlich zu uns selbst", sagte ich leise zu mir. „Jeder denkt, all diese Dinge würden nur andere betreffen, aber nicht einen selber ..."

Das Ergebnis meiner Suche war einfach erschütternd. Fast hatte ich das Gefühl, dass die gesamte Menschheit sich regelrecht darum bemühte, bloß nicht über die Wahrheit nachdenken zu müssen.

Wir tun so vieles, um die Wahrheit zu verdrängen. Wir erschaffen Götzen in allen Bereichen unseres Lebens. Es wunderte mich nicht mehr, dass in der Welt soviel Hass, Krieg, Hunger und Elend herrschte: **Wir hatten uns weitgehend von der Wahrheit abgeschnitten. Sogar so weit, dass wir nicht einmal mehr wussten, wo wir noch Wahrheit finden konnten.** Nun verstand ich, was die Kartenlegerin mit dem harten Leid, dem Nadelöhr meinte, durch das ich gehen musste. Wenn ich wirklich ehrlich zu mir war, gab es einige Dinge, denen ich zu viel Wichtigkeit beimaß. Alles was meinen Lebensinhalt ausmachte, hinderte mich daran, die Wahrheit zu finden. Es machte mich schwerfällig. Es blähte meinen Stolz und mein Ego auf, sodass ich nicht mehr durch das Nadelöhr passen konnte.

So erkannte ich beispielsweise, dass all die Freundschaften, welche ich pflegte, keine wahren Freundschaften waren. Denn eine alte Weisheit besagt: **„Wahre Freundschaft ist nur dazu da, die Einsicht zu vertiefen und nicht, um die Zeit totzuschlagen."**

Auch meine sportlichen Aktivitäten waren sinnlos, weil ich mir einbildete, den Körper ewig jung und schön zu halten.

Oft hatte ich mir abends Filme angesehen, um abzuschalten. Doch ich erkannte auch darin keinen Sinn mehr, Filme über banale Situationen oder gar Gewalt anzusehen. All diese Filme beeinflussten allein unser Denken und Fühlen. Ich erkannte, dass mein Frauengeschmack weitgehend von den Medien beeinflusst wurde. Das fing schon damit an, dass man einen bestimmten „Typ" bevorzugte.

Die einzige Frau, welche ich nicht für ihr Aussehen geliebt hatte, war die Märchenprinzessin in meiner Schulzeit. Meine Gefühle für sie hatten nichts mit Äußerlichkeiten oder mit Emotionen zu tun. Ich hatte damals nur den einen Wunsch: Sie auf ewig zu lieben und ihr Freude zu bereiten. Mit Wehmut dachte ich zurück, dass ich damals der wahren Liebe begegnet war. Und dahin wollte ich zurück. Weg von all den anerzogenen Programmierungen, die unsere Gefühle, Gedanken, sogar unsere Sinne manipulieren und fremdsteuern. Von klein auf werden wir in eine bestimmte Richtung erzogen und glauben irgendwann, dass dies unsere eigenen Meinung wäre. **„Unsere Sinne sind gar nicht im Stande, die Wirklichkeit so wahrzunehmen, wie sie der Realität entspricht. Stattdessen beurteilen wir die Wirklichkeit mit vorprogrammierten Vorstellungen und passen sie unserem Denkschema an."**

Selbst unser Verhalten passten wir dieser falschen Vorstellung an. Trugen Masken oder spielten eine bestimmte Rolle. Immerzu gaben wir vor, jemand zu sein, der wir nicht wirklich waren. Aber wer war ich wirklich? Ich fühlte, wie sich alles um mich herum aufzulösen begann. Nichts mehr hatte einen Sinn. Überall erkannte ich den Götzendienst.

Meine Freunde hatte ich längst verloren. Meine Familie konnte meine Gedanken nicht nachvollziehen. Ich war vollkommen alleine und verlassen. Es gab absolut nichts mehr, woran ich mich noch hätte festhalten können.

Verzweifelt sah ich alle meine Sandburgen in sich zusammenstürzen, erkannte die Lügen dieser sinnverlassenen Scheinwelt. „Was ist die Wahrheit?!?" schrie ich verzweifelt in die Stille ...

4. Kapitel
Die dritte Wende

Vollkommene Hingabe

Mit nackten Füßen schritt ich über den warmen Sand. Der aufkommende Wind wirbelte den Sand durch die Luft und verwischte meine frischen Fußspuren. Dennoch lag der Weg, auf dem ich gekommen war, deutlich erkennbar hinter mir. Als ob er von Anfang an gekennzeichnet gewesen wäre. Als ich aber in die Ferne blickte, konnte ich den weiterführenden Weg noch nicht erkennen. Obwohl ich wusste, dass es ihn gab.
Da spürte ich eine Berührung an der Schulter. Genau das brauchte ich, um den weiterführenden Weg zu finden: Ein Kamel. Es führte mich bis an den Rand eines Abgrunds. Fragend blickte ich in die endlose Tiefe. Da versetzte mir das Kamel einen Tritt und ich fiel den Abgrund hinunter. Ich fiel immer tiefer und hatte fürchterliche Angst.
Ein kaum hörbares Flüstern in meinem Herzen ließ mich merken, dass alles gut war. Dies alles gehörte zu meinem Weg.

Plötzlich wurde mir bewusst, dass ich mich in einem Traum befand. Es konnte mir nichts geschehen. Also schob ich alle Ängste beiseite und ließ mich vertrauensvoll fallen. Sobald die Angst vor dem Aufprall verschwunden war, wandelte sich die Angst in ein wunderbares Gefühl von Freiheit. Ich breitete die Arme aus und hatte das Gefühl zu fliegen. Ich war frei von Allem und hatte absolut nichts zu verlieren.

Als ich aus dem Traum erwachte, dämmerte es bereits. Wehmütig sann ich dem wunderbaren Gefühl von Freiheit nach. Auch im Leben sollte man so unbeschwert, so frei und vertrauensvoll sein können.

Was uns hinderte war nur die Angst vor dem Aufprall: vor dem Misserfolg oder dem Schmerz. Wäre die Angst nicht da, gäbe es keinen Grund sich dem Leben nicht vertrauensvoll hinzugeben. Aber war die Angst nicht auch ein Zweifel am guten Ausgang aller Dinge?
Die alten Schriften sagen:
Ein Zweifler empfängt nichts.

Die Schafe kamen mir wieder in den Sinn, welche ich mir so oft vor dem Einschlafen vorstellte. Die Schafe waren fähig zu vertrauen. Selbst wenn der Schäfer sie in eine Falle lockte, würden sie ihm vertrauensvoll folgen.
Während ich in tiefe Gedanken versunken da lag, hörte ich den Schrei des Hahnes. Da wusste ich, dass die Lichtseite des Tages begann.
Die Finsternis war vorüber und die Sonne würde bald am Horizont aufgehen. So wie in meinem Leben soeben eine neue Hoffnung erstrahlte. Ich hatte alles verloren und erlebte dadurch einen inneren Tod. Doch nun war ich zu neuem Leben erwacht.
Mein Traum hatte mir deutlich gezeigt, dass ich mich auf dem Weg meiner Bestimmung befand.
Überglücklich sprang ich aus dem Bett. Die Wohnung war mir plötzlich viel zu eng für meine großen Gedanken. Ich wollte hinaus in die freie Natur.
Je weiter ich aus der Stadt herauskam, desto leichter wurde mir ums Herz. In

der freien Natur fühlte ich mich zu Hause. Vor einem riesigen Kastanienbaum blieb ich stehen und blickte ehrfürchtig zur Krone hinauf.
Er erinnerte mich an den Baum des Lebens, welcher in vielen Religionen und Kulturen beschrieben wurde. Obwohl mit dem „Baum des Lebens" kein Baum dieser Welt gemeint war. Vielmehr schien er die Grundstruktur der Welt und des Menschen zu sein.
Dennoch verglich man diese Grundstruktur mit den Bäumen: Die verborgene Wurzel, die tief ins Erdinnere reichte; der mächtige Stamm, der das Leben trug und schließlich die Krone, auf deren Ästen die Früchte hervor sprießten. Ähnlich dem Menschen, dessen Seele ebenfalls in tiefer Verborgenheit ruht. Sein Körper trägt das Leben und sein Geist bringt durch seine Handlungen die Früchte hervor.

„Mutter Erde", flüsterte ich dem Baum zu und fuhr mit den Fingern den Rillen der Rinde entlang.
Eine Stelle der Überlieferung kam mir in den Sinn: „Du sollst die Axt nicht an die Wurzel vom Baum des Lebens anlegen."
Wie konnte man das verstehen? Wenn der Baum des Lebens ein symbolischer Artefakt war, wie konnte man dann überhaupt die Axt an ihn legen? …

„Willst du etwa diesen Baum fällen?" hörte ich hinter mir eine gereizte Stimme. Ich war so in Gedanken vertieft, dass ich nicht bemerkt hatte, dass ein alter Wanderer hinter mir stand.
Erschrocken drehte ich mich um und stotterte: „Aber nein, ganz und gar nicht! Ich habe nur gerade überlegt …" Mitten im Satz brach ich ab.
Unrecht hatte er ja nicht, aber wie konnte ich diesem knorrigen Alten meine Gedanken erklären?

„Du hast überlegt, wie man einen Baum fällt, das sehe ich dir doch an", sprach er grimmig. „Dabei ist es so einfach. Du nimmst eine Axt, die so scharf ist, wie dein Verstand. Damit näherst du dich dem Baum und trennst ihn von der Wurzel. Dann fällt er um. Ach, was Ihr modernen Leute alles wissen wollt. Eure intellektuell geprägte Lebensweise ist gefährlicher als jede Axt. Sie zerstört alles, was uns Alten heilig war." Schimpfend und kopfschüttelnd machte er sich davon.

Ungläubig blickte ich ihm nach, bis er verschwunden war. Ich musste lachen. Das Leben antwortete einem manchmal auf so sonderbare Weise, dass es einfach zum Lachen war.
Ohne es zu wissen, gab mir der alte Wanderer die Antwort auf meine Frage:
Wenn wir den Baum des Lebens mit reinem Intellekt erfassen wollen, trennen wir ihn und uns von der nährenden Wurzel. Dabei geht die Heiligkeit verloren.

Immer wieder musste ich lachen, wenn ich an den alten, knorrigen Mann dachte. Er erschien mir wie ein Fabelwesen aus einer anderen Zeit. Unfreundlich und mürrisch, und dennoch sagte er die Wahrheit. Wenn man Vertrauen hat, so findet man die Wahrheit, woher sie auch immer kommen mag … erneut musste ich lachen.

Beginn des großen Lernens

In meinem Beruf begegnete ich vielen Menschen. Dies war auch einer der Gründe, warum ich die Körperheilkunde erlernte. Der Mensch war mir wichtig. Mit all seinen Eigenheiten, Schönheiten und verborgenen Talenten.
Eines Tages kam eine Frau verspätet zu ihrem Termin. Sofort erkannte mein geschultes Auge, dass es sich um eine verwirrte Persönlichkeit handelte. Sie klagte über viele Schmerzen, wollte jedoch auf keinen Fall einen Arzt aufsuchen.
Nachdem sie mir einige Fragen beantwortet hatte, konnte ich ihre Schmerzen zuordnen. Ich arbeitete mit ihr in gewohnter Weise und vertraute darauf, dass sie sich danach besser fühlen würde. Tatsächlich stand sie auf und war ganz begeistert, wie gut sie sich fühlte. Zufrieden verabschiedete sie sich.
Nach einer Woche erhielt ich einen Anruf vom Anwalt der Frau. Anscheinend wurde sie eine Stunde nach meinem Termin bewusstlos und musste ins Krankenhaus gebracht werden. Nun schob sie mir alle Schuld zu. Obwohl ich wusste, dass es nichts mit mir zu tun hatte und ich vor Gericht auch Recht bekam, irritierte mich diese Situation.

Seit langer Zeit besuchte ich Mirjam wieder einmal und erzählte ihr die Geschichte. „Wir können auf die Ewigkeit vertrauen, doch sobald der Mensch eingreift, müssen wir vorsichtig werden", meinte sie stirnrunzelnd. „Nicht, dass der Mensch böse wäre, aber jeder Mensch ist auf dem Weg. Nicht selten machen wir Umwege und begehen dadurch Fehler."

Ich nickte nachdenklich. Auch mir waren schon viele Fehler passiert und ich war dankbar, dass mich oft jemand ermahnte, bevor es ein böses Ende nehmen konnte.

Es wäre gelogen, würde ich behaupten, dass es mir leicht fiel in vollkommenem Vertrauen in die Ewigkeit zu leben. Die gewohnten Denkmuster holten mich immer wieder ein. Doch ich verurteilte mich nicht dafür, wenn es mich auch oft ärgerte. Schließlich konnte ich nicht von heute auf morgen mein komplettes Denken umstellen, das ich in 32 Jahren aufgebaut hatte.
Immer wieder erkannte ich jedoch, dass ich in vielen Situationen des Lebens beschützt wurde. Oder dass ich bestimmte Menschen traf, als ich sie gerade dringend brauchte ....
Wenn das Herz sich für die Ewigkeit öffnet, kann man den Einfluss des Ewigen erleben und das Vertrauen beginnt langsam zu wachsen.

Mirjam hatte mir damals beigebracht, an diesen Einfluss des Ewigen zu glauben. Heute war ich soweit, dass ich ihn in meinem Leben erfahren durfte.

An einem herbstlichen Nachmittag schlenderte ich gemütlich durch die Straßen meiner neuen Wohnsiedlung. Das erste Laub war bereits gefallen und knirschte beim Gehen unter meinen Füßen. Die Luft war herrlich frisch. Ich war froh, dass ich mich vor einiger Zeit entschlossen hatte, aufs Land zu ziehen. Der Wirbel der Stadt hat in

jungen Jahren noch eine faszinierende Wirkung, doch irgendwann sehnt sich der Mensch nach Ruhe.
Wenn ich auf der Veranda vor meinem Haus saß, sah ich grün, soweit das Auge reichte. Wenn im Sommer die Schafe auf den Wiesen weideten, fühlte ich mich endlich angekommen, da wo ich hingehörte.
Kinder spielten lachend Fußball auf den Straßen. Für eine Weile blieb ich stehen und sah den Kindern dabei zu. Mein Wunsch, eine Familie zu gründen, wurde in letzter Zeit immer stärker. Ich glaubte, nun reif genug für Kinder zu sein. In meinem Beruf verdiente ich nicht schlecht. Wenn ich auch nicht reich werden konnte, hätte ich für eine Familie sorgen können. Ein kleines Häuschen hatte ich schon. Meinem Kinderwunsch stand somit nichts mehr im Weg.
Ich blickte zum grauen Himmel hinauf. Die Wolken zogen mit dem Wind. Im Stillen sprach ich meinen Wunsch aus, nun endlich die Frau meines Lebens finden zu dürfen. Ich hütete mich davor, nach einer passenden Frau zu „suchen". Wenn, dann wollte ich nur eine Frau, welche mir bestimmt war, mit der ich bis zum Ende meiner Tage glücklich werden konnte. Bei vielen meiner Bekannten und Verwandten hatte ich die bittere Enttäuschung über eine zerrüttete Ehe miterlebt.
Sie meinten sich zu lieben, doch was sie aneinander schätzten waren meist Äußerlichkeiten. Doch Schönheit verflog, Versprechen wurden gebrochen und bald hatte man nichts mehr gemeinsam. Aus Liebe wurde Hass. Und nur all zu oft wurde dieser Hass auf den Köpfen der eigenen Kinder ausgetragen. Bevor ich diesen Weg wählen würde, blieb ich lieber alleine.
Kaum hatte ich den Gedanken zu Ende gedacht, da hüpfte mich ein kleiner Hund an, der sich wohl verlaufen hatte. Ich bückte mich, um auf seinem Halsband die Adresse seines Halters zu lesen. Doch er trug kein Halsband. Erstaunt blickte ich mich um. Doch es war niemand zu sehen. Ich ging zurück zu den Kindern und fragte sie, ob sie wüssten, wem der kleine Hund gehörte? Sie verneinten jedoch: sie hätten ihn noch nie gesehen.

So kam Pargod zu mir. Obwohl ich nicht vorhatte, einen Hund zu halten, schien es mein Schicksal zu sein. Also baute ich ihm eine Hütte auf der Veranda und wir wurden bald gute Freunde.
Seinen Namen erhielt er durch seine Eigenheit, auf der Schwelle zu liegen. Weder ganz im Haus, noch ganz auf der Veranda. Er lag am liebsten genau auf der Schwelle. Mirjam gab ihm schließlich diesen Namen, denn sie erzählte, dass „Pargod" der Vorhang war, der Übergang von der physischen Realität zur zauberhaften Welt.
Schmunzelnd dachte ich, dass nun alles bereit war, für eine Familie. Der Hund war schon mal da.

Einige Wochen nachdem Pargod zu mir gekommen war, tobte ein fürchterliches Gewitter. Das Obst der umliegenden Bauern wurde durch den Hagel verwüstet und die Hunde in der Nachbarschaft, einschließlich Pargod, heulten die halbe Nacht. Als gerade ein Blitz den Himmel erhellte, blickte ich

aus dem Fenster. Da sah ich eine gebückte Gestalt, nicht weit von meinem Haus entfernt. Sofort öffnete ich das Fenster und rief der Gestalt zu. Doch sie war zu weit weg und konnte mich durch den Sturm nicht hören. Also zog ich eine Jacke an und rannte nach draußen. Als ich näher kam, erkannte ich einen durchnässten Mann.
Die Kapuze hatte er weit ins Gesicht gezogen. Schützend hielt ich meinen Regenschirm über seinen Kopf und lud ihn ein, mit zu mir zu kommen. Er war schon sehr alt und kam nur langsam voran. Pargod rannte uns entgegen und hüpfte dem Alten an den Beinen hoch. Er wedelte mit dem Schwanz und freute sich sehr über unseren Gast.

In der Wohnung bot ich dem Alten eine warme Dusche an und trockene Kleidung. Dankbar nahm er die Kleidung entgegen und verschwand in der Dusche.
Ich brühte einen warmen Tee auf und stellte Brot und Käse auf den Tisch. Fragend blickte ich aus dem Fenster. Wonach hatte der Alte bloß gesucht?

„Ich danke Ihnen", sagte der Alte plötzlich. Lautlos hatte er das Zimmer betreten und als ich mich ihm zuwandte, erstarrte ich. „Kennen wir uns nicht?" fragte ich und musterte ihn genau.

Er grinste und sprach: „Viele Jahre sind vergangen. Ich bin ein alter Mann geworden."
„Aber ..." wollte ich einwenden, doch in diesem Moment erinnerte ich mich an die Worte meiner Großmutter: „Ich glaube, das war ein Engel."

„DU BIST JOSEF!!" rief ich aus. „Wieso warst du damals einfach weg, ohne ein Wort zu sagen?"
Er grinste wie ein Spitzbube und antwortete: „Meine Aufgabe bei euch war erledigt. Es hat sich doch nach unserem Gespräch bei euch vieles verändert, nicht wahr?"
Nachdenklich nickte ich. Da lachte er herzlich und steckte mich mit seiner fröhlichen Art an.
„Und nun bist du zurückgekehrt, weil du mir wieder etwas zu sagen hast?" wollte ich wissen.
Er nickte wissend und sagte mit ernster Miene: „Und diesmal kannst du mir auch ein Bett vorbereiten. Ich habe nicht vor, so schnell wieder zu verschwinden."
Wir lachten beide und Pargod stimmte vor der Türe mit einem Jaulen in unser Gelächter ein.

Josef erzählte weiter: „Es ist nun endlich an der Zeit, dass du Antworten auf deine Fragen erhältst. Ich beobachte dich schon eine ganze Weile. Du hast in vielen Sparten nach der Wahrheit gesucht. Unter anderem auch im Wort, richtig?"
Verblüfft schaute ich ihn an und wunderte mich, woher er das alles wusste. Auf mein Nicken fuhr er fort: „Was du jedoch nicht wusstest: du hast das Wort in einer Übersetzung gelesen. **Das Originalwort ist in Hebräisch und Aramäisch geschrieben. Durch die Übersetzung geht der größte Teil der Wahrheit verloren. Dies ist der Grund, warum du keine endgültigen Antworten gefunden hast."**
Mein Herz raste. Ich erinnerte mich an die vielen Jahre, in denen ich mich mit dem Wort vertraut gemacht hatte. All

die einsamen Stunden, in denen ich über dem Wort gesessen hatte und versuchte, eine Antwort zu finden.

Ich weinte beim Gedanken daran, wie ich schließlich die Liebe zum Wort verlor, weil es sich mir nicht ganz offenbarte. Jetzt wusste ich, warum.
Josef hatte bereits in meiner Kindheit die Liebe zur Krippe geweckt, und nun ließ er auch meine Liebe zum Wort wieder aufleben.
„Bist du Jude?" fragte ich ihn. Denn ich wusste, dass sich hauptsächlich Juden mit den hebräischen Originalschriften beschäftigten.
„Ja", gab er zur Antwort, „doch dies tut nichts zur Sache. **Die Tora, also die fünf Bücher Mose, sind nicht nur für die Juden da, sondern für die gesamte Menschheit. Die Tora beschreibt die Grundstruktur der Schöpfung, welche für jedes Lebewesen auf Erden Gültigkeit hat, sogar für die Pflanzen und Steine."**
In seinen Worten spürte ich die innige Liebe, die Josef zur Tora empfand. Neben seiner Liebe schien meine Liebe wie ein winziger Tropfen auf einem heißen Stein zu sein.

Seine Worte warfen eine weitere Frage auf: „Wieso ging der größte Teil der Wahrheit bei der Übersetzung verloren? Waren es schlechte Übersetzer?"

Er lachte und meinte: „Ich bin mir sicher, dass es die besten Übersetzer waren, die man sich denken konnte. Aber das hebräische Wort KANN man nicht übersetzen. Vielleicht muss ich dir dazu einiges erklären:

Die hebräische Sprache besteht nur aus Konsonanten. Es gibt keine Vokale in der hebräischen Schrift. Die Konsonanten sind wie der erscheinende Körper, die Vokale dagegen der verborgene Geist.

Wenn wir also ein hebräisches Wort lesen wollen, so haben wir immer viele Möglichkeiten, welche Vokale wir den Konsonanten beifügen.
Es gibt kein ‚Richtig' oder ‚Falsch', alle Möglichkeiten können sein. Jedes Wort hat diverse Möglichkeiten, wie man es lesen kann. In der Übersetzung hast du aber nur noch ein Wort, alle anderen gehen verloren. Zudem ist jeder hebräische Buchstabe in erster Linie eine Zahl. Mit diesen Zahlen beschäftigt sich beispielsweise die Kabbala.
Die Zahl geht in der Übersetzung auch verloren. Also, wenn wir nun ein Wort in der Übersetzung betrachten, sehen wir nicht einmal mehr ein Zehntel von der ursprünglichen Wahrheit, die im hebräischen Wort vorhanden war.
Aus diesem bescheidenen Wissen wurde schließlich die Moral abgeleitet."

Ich atmete tief ein und gab Josef zu verstehen, dass ich seine Worte erst einmal verarbeiten musste. Was er mir erzählte, stellte einen großen Teil dessen in Frage, was ich aus dem Wort bereits wusste.

„Du sollst nicht am Wort zweifeln, wie du es kennst. Ich möchte dir vielmehr eine Möglichkeit geben, noch viel tiefer ins Wort hineinzublicken. Vielleicht erhältst du dann Antworten auf deine Fragen."

Weisheiten

Über 12 Jahre lernte ich intensiv mit Josef. In diesen 12 Jahren lernte ich die hebräische Sprache und viele Texte der Tora und der Überlieferungsschriften kennen.
Es ist unmöglich, alle Erkenntnisse niederzuschreiben, die mir in dieser Zeit zuteil wurden. Es ist nur ein bescheidener Versuch, einen Einblick in die Wunder zu geben, die ich beim Lernen erlebte. Denn: **Wer das Wort auch nur am Rande beginnt zu verstehen, begegnet Wunder über Wunder.**

Mein Verlangen nach der Wahrheit wurde so groß, dass bald nichts mehr zwischen mir und der Wahrheit stand. Nun wurde mir bewusst, warum ich die Wahrheit nicht früher finden konnte: Es bedarf der vollkommenen Hingabe und Sehnsucht.
Früher interessierte ich mich zwar für die Wahrheit, doch wenn mir beim Lesen nicht sofort etwas Bedeutendes offenbar wurde, legte ich das Buch desinteressiert beiseite. Ich suchte nur den Nutzen: Nach einer Antwort, nach einer Befriedigung oder nach einer Bestätigung.

Jetzt war es anders. Selbst wenn ich tagelang ohne Erkenntnis las, fühlte ich mich allein schon deshalb erfüllt, weil ich mich mit der Wahrheit beschäftigte. **Es war die Liebe zur Wahrheit, die mich erfüllte.** Diese Liebe blieb in mir, auch wenn ich längere Zeit keine Antwort erhielt. Mein Herz hatte die Geduld zu warten, bis sich Antworten fanden.

An einem regnerischen Sonntagvormittag holte ich nach dem Frühstück, wie gewohnt, die Bücher zum Lernen. Josef saß bereits am Tisch und meinte: „Heute möchte ich mit dir über ein spezielles Thema sprechen."
Gespannt forderte ich ihn auf weiterzusprechen. Er fragte mich, ob ich schon von den „13 Eigenschaften des Ewigen" gehört hätte. Ich verneinte und fragte nach, warum dies ausgerechnet 13 seien, wo diese Zahl doch Unglück bringe. Josef lachte in seiner freien Art und antwortete: „Die Menschen sind so abergläubisch! Die Zahl 13 ist der Zahlenwert des hebräischen Wortes für „Liebe" („Ahawa"), sowie des Wortes für „Eins" („Echad"). Denn Liebe kann nur sein, wo Einheit ist. Was denkst du, um welche Eigenschaften es sich dabei handelt?"

Ich überlegte kurz und antwortete: „Nun, ich denke **die Treue, die Hingabe, die Selbstlosigkeit ..."**
Josef nickte zufrieden und fügte hinzu: „Sanftmut, Geduld, Barmherzigkeit, **Vertrauen, Ewigkeit, Heiligkeit, Wahrheit, Vergebung, Zuverlässigkeit, Vollkommenheit, Gerechtigkeit, Gnade ...** Du siehst, es sind viel mehr als 13. Siehst du, dass die Zahlen der Tora Symbole sind und keine Anzahl von Wörtern? Die 13 weist vielmehr auf die Liebe und die Einheit hin, welche unter allen guten Eigenschaften zusammengefasst werden."
Wir tauschten nachdenkliche Blicke aus. Schließlich meinte Josef: „Diese Eigenschaften sind die wichtigste Vor-

aussetzung für ein zufriedenes Leben. Ich sage damit nicht, dass dir dann nichts Schlimmes mehr widerfahren kann, aber du wirst dein Schicksal tragen können, weil du die Gegenwart der Ewigkeit fühlst.
Alle diese Eigenschaften sind wie Samenkörner in deiner Seele angelegt. Sobald sie dir wichtig werden und du ihnen Aufmerksamkeit schenkst, tränkst du diese Samen. Dann beginnen sie langsam zu wachsen. Wie ein zartes Pflänzchen, das über die Jahre zu einem starken Baum heranwächst, der jedem Sturm trotzt. Und ihre Wurzeln gründen in der Tiefe deiner Seele, sowie die Wurzeln des Baumes in der Tiefe der Erde gründen."
Seine Worte bewegten mich. Als ich über die Liebe nachdachte, überwältigte Traurigkeit mein Herz. Die Liebe war das größte Geschenk an den Menschen, doch Erfüllung findet sie erst, wenn man die Liebe auch schenken kann. Ich sehnte mich schon lange nach einem Menschen, mit dem ich meine Liebe teilen konnte. Aber meine Ich-Sucht hatte mich daran gehindert, die wahre Liebe zu finden. Immer wieder begegneten mir Frauen, die ich zu lieben glaubte, doch es endete jedesmal in einer großen Enttäuschung.

Josef schien meine Gedanken zu erraten, denn plötzlich sagte er: „Die größte Freude besteht darin, diese aufkeimende Liebe zu schenken. Aus diesem Grund hat der Ewige die irdische Welt erschaffen. Eine nie endende Liebesbeziehung entstand zwischen dem Ewigen und der Welt. Und so hat er auch dem Menschen ein Gegenüber erschaffen, dem er im wechselseitigen Gespräch seine Liebe schenken konnte. Mann und Frau sind eine Einheit. So wie Körper und Seele eine Einheit bildeten. Getrennt und doch vereint.
Sowie die beiden Bäume im Paradies: der Baum des Lebens und der Baum der Erkenntnis.
Getrennt und doch mit einer gemeinsamen Wurzel. Solange diese beiden vereint waren, lebte der Mensch im Paradies.
Doch in der heutigen Zeit ist es schwer, den Partner zu finden, der einem bestimmt ist. Die Gesellschaft hat eine Moral erschaffen, welche ein komplett falsches Eheverständnis erschuf.
Dieses Eheverständnis ist auf Macht und Kontrolle gegründet. Man schließt eine staatlich anerkannte Ehe: ‚Du gehörst mir, du musst bei mir bleiben und mich versorgen'. Die Liebe wird in Fesseln gelegt.
Die Überlieferung aber sagt, dass in dieser Welt nur die Verlobung stattfinden kann, die Ehe wird jedoch erst in der Ewigkeit geschlossen."
Stirnrunzelnd meinte Josef: „Dieselbe Verfälschung geschah auch in der Rechtsprechung. Die Überlieferung besagt, dass ein Richter keinen Angeklagten verurteilen dürfe. Er soll so viele Zeugen laden, bis ein Widerspruch entsteht und kein Urteil ausgesprochen werden kann. Kein Mensch soll über den anderen richten, das Urteil liegt allein beim Ewigen. Einer, der sich dem Schöpfungsplan widersetzt (lügt, tötet, stiehlt, vergewaltigt …), muss aus dem Lager gebracht werden und dort soll man ihm den Lebenssinn vermitteln, bis er erkennt und in Reue umkehrt."

Josef beendete seine Ausführungen und ich überlegte mir, wie weit unsere Rechtsprechung davon entfernt war … Heute war ein solches Verhalten gar nicht mehr denkbar. Die meisten Verurteilten wurden im Gefängnis noch krimineller und fanden kaum noch zu einem rechtschaffenen Leben zurück. Man gibt dem Menschen nicht mehr die Möglichkeit, Reue zu empfinden und umzukehren. Und der Mensch wird immer härter und kälter. Zum krönenden Abschluss der Verblendung wurde auch noch die Todesstrafe eingeführt.
„Das globale Bewusstsein hat einen großen Abstieg gemacht in den vergangenen Jahrhunderten", bemerkte ich.

Josef nickte und meinte: „Zu diesem Abstieg gibt es eine chassidische Geschichte, die mir einst mein Lehrer erzählt hatte. Die Geschichte erzählt, dass der ‚Baal Schem tow' (Kenner des heiligen Namen), um das 17. Jahrhundert eine heilige Handlung zu verrichten hatte. Dazu ging er in den Wald, suchte eine bestimmte Stelle auf und entzündete ein Feuer. Als das Feuer leuchtete, sprach er zum Ewigen bestimmte Worte und der Ewige antwortete ihm.
Als in der kommenden Generation ein Nachkomme des ‚Baal Schem tow' ebenfalls eine heilige Handlung zu verrichten hatte, ging auch dieser in jenen Wald und suchte jene bestimmte Stelle auf. Er wusste jedoch nicht mehr, wie man das Feuer entzündete. So sprach er ohne das Feuer und der Ewige antwortete ihm. Eine weitere Generation später hatte ein Nachkomme des ‚Baal Schem tow' eine heilige Handlung zu verrichten. Er ging in den Wald, an jene bestimmte Stelle. Doch er wusste weder wie man das Feuer entzündete noch welche Worte er zum Ewigen sprechen sollte. So sprach er zum Ewigen, ohne das Feuer und ohne die Worte. Und der Ewige antwortete ihm.
Als im darauf folgenden Geschlecht Rabbi Israel eine heilige Handlung zu verrichten hatte, sprach er zum Ewigen: ‚Wir sind ein armes Geschlecht. Was wissen wir noch? Wir kennen die bestimmte Stelle im Wald nicht mehr noch weniger kennen wir die Worte, welche wir zu dir sprechen sollen. Und wie man das Feuer entzündet, wissen wir schon lange nicht mehr. Wir wissen nur, dass die vor uns es wussten. So erzählen wir die Geschichte, der Ewige helfe uns.' Und der Ewige antwortete ihm."

Auf Josefs Erzählung folgte ein langes Schweigen. Ich beschloss, die Worte bei einem Spaziergang zu überdenken. Also ging ich in den nahegelegenen Wald. Als ich eine kleine Feuerstelle sah, dachte ich: Wie arm sind erst wir. Wir wissen nicht, was mit dem Wald gemeint ist, noch was mit dem Feuer gemeint ist. Und die Bedeutung der Worte kennen wir erst recht nicht.
Traurig setzte ich mich auf den Baumstamm neben der Feuerstelle.
Ich weinte über das vergessene Wissen, das einst wie ein Juwel über der Menschheit schwebte.

Doch die Habgier des Menschen trieb ihn zur Macht. Und je mehr er seine Augen für die Genüsse der Welt öffnete, desto mehr verschloss sich sein geistiges Auge. Bis er zu blind war, die wirklich wertvollen Dinge zu sehen …

Wie ich begann zu verstehen

An einem Sonntag betrat ich früh morgens die Veranda. Josef saß auf dem Holzboden und streichelte Pargod.
Leise sprach er mit ihm, sodass ich seine Worte nicht verstehen konnte. Als er mich bemerkte, lächelte er. Ich erwartete, dass er mir wie üblich Instruktionen geben würde, was wir heute lernen werden. Stattdessen meinte er: „Heute werden wir nichts lernen. Wir haben diese Woche viele Themen besprochen, die du erst einmal verarbeiten solltest.
Der Mensch beginnt erst zu verstehen, wenn die Worte sein Leben verändern: Wenn der Mensch wahrhaftig versteht, beginnt sich die Welt um ihn zu verwandeln. Er selbst beginnt sich zu verändern. Sein Denken und Handeln wird nicht mehr dasselbe sein.

Es ist nicht gut, wenn du nur lernst und Wissen anhäufst und dabei vergisst, das Erlernte in deinem Leben umzusetzen.
Eine alte Weisheit lautet: Die erste Phase ist das Lernen, die zweite Phase das Gelernte zu leben, die dritte Phase das Gelebte zu lehren. Erst wenn du alle drei Phasen durchschritten hast, verstehst du wahrhaftig."

Da wurde mir bewusst, dass ich die ganze Woche kaum geschlafen hatte. Wenn ich von der Arbeit nach Hause kam, lernten wir oft bis spät in die Nacht. Doch das Feuer des Erkennens bestärkte mich so sehr, dass ich überhaupt keine Müdigkeit verspürte. Denn ich vertraute Josef, dass er wusste, was gut für mich war. Mit einem strahlenden Lachen blickte er zum Himmel und meinte, dass er heute nicht als mein Lehrer, sondern als mein Freund hier wäre. Wir beschlossen gemeinsam den Tag zu nutzen, um wandern zu gehen.
Es war ein herrlicher Tag, um ihn in der freien Natur zu verbringen. Ich packte etwas Proviant und Hundekekse in einen Rucksack und langsam machten wir uns auf den Weg. Pargod rannte überglücklich vor uns her. Josefs Schritte waren bedächtig. Doch wir hatten alle Zeit der Welt.

In Gedanken durchwanderte ich die Themen, welche wir in der vergangenen Woche besprochen hatten.
Am Stärksten fesselte mich die Erzählung von Kain und Abel. Josef hatte mir anhand der Namen erklärt, dass Kain dem Leib, Abel jedoch der Seele entsprach. Diese Gegensätze rangen ewig im Menschen um ihre Herrschaft. Die Ich-Sucht des Leibes rang mit der ewigen Seele.
In der Erzählung von Kain und Abel tötet der Leib die Seele. Fortan lebt Kain unstet und flüchtig und ist seines Lebens nicht mehr sicher.

Sobald im Menschen die Ich-Sucht herrschte, wurde er unstet und flüchtig. Der innere Frieden ging verloren und immerzu war er auf der Suche, auf der Jagd nach etwas, worin er sich Erfüllung erhoffte.
Ich erinnerte mich an mein Leben. In so vielen Sparten hatte ich nach Erfüllung gesucht, sie jedoch nie gefunden?
Damals lebte ich das Leben von Kain, dem Jäger.

Wie erzählt wird, war das dritte Geschlecht nach Kain und Abel das Geschlecht „Enosch".
„Enosch", so hatte mir Josef erklärt, bedeutete übersetzt „Leute". Der Mensch verlor sein Mensch-sein und war nur noch einer von vielen - Leute. Denn der wahre Mensch konnte nur bestehen, wenn Seele und Leib, wie Mann und Frau eine Einheit bildeten.

Josef stellte keine Frage, obwohl er sah, dass ich in tiefe Gedanken versunken war. Irgendwann überkam mich das Bedürfnis zu sprechen und ich richtete das Wort an meinen Freund: „Ich fürchte, ich habe viele Jahre über das Mensch-Sein verloren. So vielen Dingen bin ich hinterher gejagt, in der Hoffnung, Erfüllung zu finden. Und alles nur, weil in mir Kain über Abel gesiegt hatte ..."
Glücklich sah mich Josef an. „Langsam beginnst du zu verstehen", stellte er zufrieden fest und erwartete, dass ich weitersprechen würde.

„In dieser Zeit suchte ich in Äußerlichkeiten nach Erfüllung: in der Anatomie, in der Philosophie, der Religion, der Esoterik ... Aber letztendlich waren es doch alles nur Ersatzbefriedigungen. Ich glaubte, selber die Wahrheit finden zu können, wenn ich mich nur genug bemühte. Dabei verlor ich den Glauben an die Gnade. Wie konnte ich nur so töricht sein?" Beschwichtigend griff Josef nach meinem Arm und meinte: „Selbstverständlich hättest du die Wahrheit schon viel früher finden können. Doch der Tag wird kommen, an dem du auf dein Leben zurückblicken wirst, und in allem den Sinn erkennst.
Bedenke: Hättest du die Anatomie des Körpers in ihren Zusammenhängen nicht erlernt, würdest du heute auch die Zusammenhänge der Tora nicht so leicht verstehen können.

Wenn du dich nicht mit der Philosophie beschäftigt hättest, würdest du nicht die wunderbaren Worte kennen, mit denen du in Zukunft deine Schüler in diese Erkenntnisse einführen wirst.

Wärst du nicht zur Religion gekommen, wäre deine Liebe zum Wort nie entfacht worden und du hättest meinen Worten nicht dieselbe Beachtung geschenkt.

Und hättest du die Esoterik nicht kennengelernt, wärst du nie zur Frage nach deiner Wurzel gekommen.
Du siehst: **ALLES in deinem Leben hat dazu beigetragen, dass du heute dem wahren Geist begegnen konntest.** Dem Geist, welcher frei von Philosophie, Religion oder Esoterik ist. Denn wahrlich, in diesen Dingen ist der Geist nicht zu finden. Doch die Wurzel all dessen gründet in der Wahrheit und solange der Mensch nach dieser Wurzel sucht, wird er sie auch finden!"

Tränen der Freude rannen über Josefs Gesicht, weil er das Wunder meines Lebens erkennen durfte. Seine Augen funkelten wie die Sterne in der Nacht. Ich umarmte Josef und sagte leise: „Ich danke dir von ganzem Herzen und aus ganzer Seele, dass du bei mir bist!"

Tiefe Einsicht

Eines Nachts plagten mich fürchterliche Albträume, aus denen ich schweißgebadet aufschreckte. Dunkle und helle Gestalten versuchten mich auf ihre Seite zu ziehen. Als ich mich der hellen Gestalt zuwandte, erkannte ich jedoch, dass auch diese nur den hellen Schein als Tarnung trug, in Wahrheit aber dunkel blieb.

Am nächsten Morgen setzte ich mich verwirrt an den Frühstückstisch und erzählte Josef von meinem Traum. Er nickte wissend und meinte: „Es wird Zeit, dass du auch über die finstere Seite etwas erfährst."
Verdutzt sah ich ihn an und er begann zu erzählen: „Wie du weißt, hat der Mensch seinen freien Willen. Das bedeutet, dass er wählen kann zwischen zwei Seiten, sonst wäre der freie Wille sinnlos." Zustimmend nickte ich und er fuhr fort: „Es geht dabei nicht um ‚Gut' oder ‚Böse', es geht vielmehr um ‚Wahrheit' oder ‚Lüge'. Alles oder Nichts. Du kennst diese Entscheidung aus deinem eigenen Leben, nicht wahr?
Doch nicht viele Leute sind bereit, ihr bequemes Leben für die Wahrheit aufzugeben. Und so begeben sie sich auf die Seite der ‚Lüge' und der ‚Teilwahrheiten'.
Sobald die Leute der Lüge genügend Raum geben, öffnen sie sich für ‚dämonische' (destruktive) Kräfte, welche sie von der Wahrheit noch viel weiter wegführen. Das kann sogar so weit gehen, dass diese Leute gar keine eigene Entscheidung mehr treffen können, sie werden quasi fremdgesteuert."

Eiskalt lief es mir über den Rücken. Das Gesicht meiner ehemaligen Freundin kam mir wieder in den Sinn.

Die veränderte Stimmlage, die stechenden Augen, die gewaltige Kraft, die sie plötzlich entwickelte. Nun wusste ich, woher diese Kräfte in ihr kamen. Große Unruhe überfiel mich bei diesem Gedanken.

„Diese Kräfte haben viele Möglichkeiten in den Menschen einzudringen: über sein Denken, sein Handeln, sein Fühlen … Doch die meisten Leute sind sich dieser zerstörerischen Kräfte nicht bewusst. Manche gehen sogar so weit, dass sie mit diesen Kräften spielen. Bestimmt kennst du die Begriffe in der Esoterik wie ‚Channeling', ‚Reiki' oder ‚Geistheilung'.
Die Leute wissen nicht, was sie tun. Sie rufen Geister und Energien herbei, ohne zu wissen woher sie kommen.

Sie vertrauen darauf, was ihr Gefühl ihnen sagt, aber glaubst du, ein negativer Geist würde dir sagen, dass er dich manipulieren will? Vielmehr würde er sich in den schönsten Farben kleiden, und dir als Lichtwesen erscheinen, damit du dich für ihn öffnest. Auch die Überlieferung sagt, dass Luzifer dem Menschen als hellstes Lichtwesen erscheint. Was nützt dir deine Sensibilität, wenn der Herr der Finsternis dich persönlich heimsucht? Seinen Kräften und seiner List ist keiner von uns im Kampf gewachsen!"

Ich stieß einen tiefen Seufzer aus. Ich kannte viele Leute, die solche Praktiken ausübten. Doch wie konnte ich sie warnen? Sie würden wahrscheinlich nicht auf mich hören ... Dankbar erkannte ich, dass mich damals mein Desinteresse vor solchen zwielichtigen Angeboten bewahrt hatte.

Wir frühstückten ausgiebig nach dieser aufwühlenden Unterhaltung.
Vieles wurde mir bewusst. Auch ich hatte mich für diese destruktiven Kräfte geöffnet, damals, als ich mich gegen meine Prinzipien meinen Freunden anpasste, rauchte, trank, Partys feierte und sogar Drogen nahm. Die destruktiven Kräfte hatten damals so viel Einfluss auf mich, dass ich mein Verhalten sogar noch richtig fand.

Welche Gnade ist mir widerfahren, dass ich mich diesem bitteren Kreislauf entziehen konnte! Abel wurde wieder zum Leben erweckt und nahm seine Herrschaft über Kain in Anspruch.

Eines Abends begrüßte mich Josef nach der Arbeit mit den Worten:
„Heute möchte ich dir vor Augen führen, was mit dem Verständnis des Wortes geschehen ist." Noch bevor ich mich setzen konnte, begann er zu erzählen und ich hörte ihm aufmerksam zu.
„Es gibt eine Stelle im Wort, welche ‚die Shabbatschänder' genannt wird.
Du kennst den Shabbat? Wir Juden feiern ihn am siebten Tag in der Woche. Es ist der Tag, an dem sowohl der Mensch als auch der Schöpfer ruhen. Dieses ‚ruhen' bezieht sich jedoch auf die wissenschaftliche Entwicklung, welche unterlassen werden soll.
Der Shabbat steht für den 7. Schöpfungstag, das immerwährende JETZT, in dem wir leben.
So wird also im 4. Buch Mose 15, 32-36 und im 3. Buch Mose 24,10-23 von Zweien erzählt, die gegen die Ruhe des Shabbats verstoßen haben. Der eine von ihnen hatte am heiligen Shabbat Holz gesammelt, der andere hatte den Namen des Ewigen geflucht. Und für beide wurde dieselbe Strafe vom Ewigen genannt: Steinigung.
Mit unserer primitiven Denkweise stellen wir uns gleich eine blutige Todesstrafe vor, welche für ein banales Verbrechen festgelegt wurde. Den Ewigen stellt man sich als strafenden, brutalen Herrscher vor und das so genannte Alte Testament als blutrünstig.
Also wollen wir diese Stelle einmal symbolisch betrachten. Das Vergehen des Ersten ist das Holzsammeln. Holz und Baum sind in Hebräisch dieselben Wörter „ez". Der Baum symbolisiert das Erscheinende in der Zeit und steht somit dem Verborgenen, Ewigen gegenüber. Er verhält sich wie der Baum der Erkenntnis.
Der Holzsammler gibt sich dem Baum der Erkenntnis hin. Er sammelt Wissen, sucht danach in Studien, in Bibliotheken, in Universitäten. Er will mit klugen Ideen die Welt beherrschen und beurteilt alles nach seinem beschränkten Verstand. Er kennt nicht die Ruhe des Shabbat. Das ‚In-Liebe-empfangen'. Er kennt nur den Zwang und den Intellekt.
Der Andere flucht den Namen des Ewigen. Das Fluchen ‚l`kalel' kommt

vom Wortstamm ‚kal', welches, leichtgewichtig' bedeutet. Er nimmt den Ewigen nicht ernst, nicht für wichtig. ‚Die Wahrheit ist ganz nett, aber die Lüge ist grundsätzlich interessanter'.
So treten Götzen an die Stelle der Wahrheit. Und eben diese beiden werden gesteinigt. Du wirst sehen, sie steinigen sich selbst. Es bedeutet im Heiligen, dass jener fallen wird an seiner eigenen Theorie. Dabei wird er sich das Genick brechen. Der Kopf, welcher den Geist darstellt, wird vom Körperlichen getrennt. Die Verbindung ist nicht mehr intakt.
Und Steine werden ihn begraben: die vielen Theorien, Glaubenssätze und Überzeugungen werden schwer auf ihm ruhen und ihn einschränken, sodass er nicht mehr frei leben kann."

Es fiel mir nicht leicht, seinen Gedanken gleich beim ersten Hören zu folgen. Doch mir wurde klar, dass das Wort in der Gesellschaft vollkommen falsch verstanden wurde. Ich fragte ihn, ob man denn jede Stelle auf diese Weise betrachten könne? Er bejahte.

Ich bat Josef, mir noch mehr solcher Stellen zu erklären. Er tat es mit Freude und ich kam aus dem Staunen nicht heraus. **Wenn man das Wort auf diese Weise betrachtete, offenbarte es einem auf wundersame Weise mehr über das eigene Leben und Erleben. Ich erkannte mich selbst in so vielen Stellen und vieles veränderte sich durch diese „andere" Sichtweise.**

Eines Nachmittags betrat ein junger Mann meine Praxis. Er hatte keinen Termin und so fragte ich ihn, wie ich ihm helfen könne. Er erzählte mir, dass er auf der Suche nach einem Lehrer sei. Seit langer Zeit suche er bereits nach seiner Bestimmung, doch könne er sie nicht finden. Ohne zu zögern versicherte ich ihm, dass ich jemanden kenne, der ihm weiterhelfen würde. Ich war überzeugt, dass Josef genau der Richtige für ihn war. Ich notierte mir seine Nummer und versicherte ihm, mich verlässlich zu melden.

Als ich an diesem Abend nach Hause kam, war Josef verschwunden. Nur die Bücher lagen noch auf dem Tisch, mit einem kurzen Abschiedsbrief. Ich setzte mich auf sein Bett und weinte. Auch wenn mir immer klar war, dass er nicht für immer bei mir bleiben würde, hatte ich den Gedanken an einen Abschied stets verdrängt.

12 Jahre waren vergangen, seit Josef mich zum ersten Mal unterrichtete. Oft blieb er monatelang. Dann verschwand er wieder für einige Zeit. Ich wusste nie, wohin er ging. Doch irgendwann stand er immer wieder vor der Türe.
Diesmal würde es anders sein, das fühlte ich. Damals, als Josef mir bei Großmutter erstmals begegnete, erzählte er mir über das Wesen Josefs. Er sagte mir, dass Josef die Vollendung der 12 war. Und so erfüllte sich auch unsere gemeinsame Zeit nach 12 Jahren.

Noch immer hielt ich die Nummer des jungen Mannes in der Hand. Einige Zeit überlegte ich hin und her, doch dann wählte ich die Nummer und bot ihm an, ihn zu unterrichten.

5. Kapitel
Die vierte Wende

Versuchungen

Nach Josefs endgültigem Verschwinden erlebte ich eine weitere Wende in meinem Leben. Nach vielen Jahren des Lernens war nun die Zeit gekommen, meine Erkenntnisse im Leben umzusetzen. **„Josef pflegte zu sagen, dass der Mensch erst dann zu verstehen beginnt, wenn die Worte auch sein Leben verändern."** Und das taten sie.
Seit längerer Zeit fiel mir auf, dass mein Denken und Handeln sich sehr gewandelt hatte. Viele Dinge betrachtete ich heute in einem anderen Licht. Die Gnade hatte meinen Geist geweckt und mir Einblicke ins innere Wort eröffnet.

Josefs Abschiedsbrief lag noch immer bei meinen Lernbüchern. Erneut las ich seine Worte:
„Die Zeit ist reif für einen Wandel. Denke an meine Worte: Je mehr wir beginnen zu verstehen, desto größer werden die Prüfungen, die das Leben uns stellt. Sei wachsam.
Dein Freund und Lehrer, Josef."

Er behielt recht. Mehrfach wurde meine Ernsthaftigkeit gegenüber der Wahrheit auf die Probe gestellt. Die „Schlange" versuchte mich auf unterschiedlichste Weise. Meine erste große Versuchung widerfuhr mir durch den jungen Mann, welcher am Tag von Josefs Verschwinden in meine Praxis gekommen war. Gemeinsam begannen wir damals zu lernen und ich brachte ihm vieles bei, was ich im Laufe der Jahre erlernt hatte. Doch bereits nach kurzer Zeit fiel mir auf, dass er nicht wirklich nach der Wahrheit suchte.

Ich zeigte ihm wundersame Zusammenhänge und tiefgreifende Erkenntnisse auf, doch anstatt der Liebe zum Wort, wuchs in ihm nur die Verherrlichung meiner Person. Er sah zu mir auf und schien nur zu lernen, um meine Gunst zu erlangen.

An einem kalten Winterabend saß ich vor dem wärmenden Kamin und trank wie in alten Zeiten eine heiße Tasse Schokolade. Dabei dachte ich über meinen Schüler nach und spürte, dass bereits ein Funke von Stolz in mir aufkam, wenn ich an seine Verehrung dachte. Ich biss die Zähne zusammen, denn ich wusste, dass schon mancher Schüler einen Lehrer zu Fall gebracht hatte, sobald sich dieser verehren ließ.
„Nicht dem Lehrer darf die Ehre gelten, sondern dem Wort, dem Ewigen. Ansonsten wird der Lehrer zu einem Götzen."
So fasste ich den Entschluss, den jungen Mann nicht länger zu unterrichten, solange er nicht ehrlich nach der Wahrheit suchte. Er konnte meinen Entschluss nicht verstehen und fühlte sich von mir zurückgewiesen. Obwohl es mir leid tat um ihn, musste ich es um seinetwillen tun. Nie hätte er zur Wahrheit finden können, wenn ich seine falsche Verehrung geduldet hätte.

Die zweite Versuchung stellte einige Monate später eine Frau dar, welche mich mit ihrer äußeren Schönheit zu betören versuchte.
Ich saß in dem kleinen Café „Stern" und genoss den Frühlingsanfang bei einem

Glas Rotwein. Schon von Weitem fiel mir eine Frau auf. Auch die anderen Leute drehten die Köpfe nach ihr um, als sie das Café betrat.

Sie trug ein weißes Rüschenkleid, welches ihr ein engelhaftes Aussehen verlieh. Ihre Brüste wurden durch die Rüschen neckisch hervorgehoben. Das lange, blonde Haar schmiegte sich verführerisch um ihre Schultern. Sie steuerte geradewegs auf mich zu, obwohl sie sich dann am Nebentisch niederließ.
Ich bemühte mich, sie nicht anzusehen, doch es fiel mir ehrlich gesagt schwer. Gezwungen blickte ich auf den See hinaus und versuchte mich an einen Text zu erinnern, den ich kürzlich gelesen hatte.
Kurze Zeit konnte ich mich damit ablenken, doch als die Bedienung dem weißen Engel das Dessert servierte, wagte ich einen zaghaften Blick.
Mir stockte der Atem als ich sah, wie sie mit geschlossenen Augen lustvoll an ihrem Löffel leckte. Machte sie das absichtlich?
Es wäre eine Lüge, würde ich behaupten, dass sie mich nicht in ihren Bann gezogen hatte. Doch mir war bewusst, dass man die Frau seines Lebens nicht auf diese Weise kennen lernen konnte. Eine Beziehung, die ganz offensichtlich nur auf Äußerlichkeiten baute, hatte keinen Bestand.
Leise hörte ich die Versuchung flüstern: „Aber es muss doch nicht gleich die Frau fürs Leben sein. Gönn dir doch auch mal was. Du hast schon so viel geleistet. Du verzichtest auf so Vieles. Sprich sie an!"

„Schweig, Schlange!" stieß ich lauter als beabsichtigt hervor. Verärgert blickte der weiße Engel zu mir herüber. Sie hatte meinen Ausruf gehört und fühlte sich allem Anschein nach betroffen.
Schnell bezahlte ich und verließ das Café. Im kühlen Seewasser hoffte ich meine erhitzten Gefühle abzukühlen.

Eine weitere Versuchung bahnte sich ein paar Wochen später an, als ich einen seriös gekleideten Mann mit dem Auto mitnahm.
Kurz nachdem er eingestiegen war, begann er ohne Unterbrechung zu sprechen. Er forderte mich auf, zum Ewigen umzukehren und mein Leben in seine Hand zu legen. Ich solle die Bibel als das Wort des Ewigen anerkennen ... und so weiter.
Als er eine kurze Pause machte, ergriff ich die Gelegenheit und stellte die Frage, ob ich denn zu seinen Worten etwas antworten dürfe.
Erschrocken bejahte er und entschuldigte sich für seinen Übereifer. Ich nahm es ihm nicht übel, denn es gefiel mir, mit welchem Feuer er über das Wort sprach.

Ich erzählte ihm von der hebräischen Originalschrift und deutete eine Stelle, die er zuvor erwähnt hatte.
Mit offenem Mund saß er da und kam aus dem Staunen nicht wieder heraus.
Er erzählte mir, dass er als Lehrer an einer katholischen Schule unterrichtete und meinte, ich müsse unbedingt mit ihm kommen und auch zu seinen Kollegen sprechen.
„Warum nicht?" dachte ich und fuhr mit ihm direkt zur Schule.

Über zwei Stunden sprach ich über das vergessene Wissen im Wort und die tiefen Erkenntnisse, welche ich durch die hebräische Sprache erlangt hatte.
Fasziniert unterbrach mich der Lehrer: „Sie müssen unbedingt an unserer Schule Lehrer werden.
Die Leute werden von überall her kommen, um sie sprechen zu hören. Ich mache Sie zu einem berühmten Dozenten!"

Da sah ich ihm ernst in die Augen und antwortete: „Danke für Ihr gut gemeintes Angebot. Ich möchte Ihnen jedoch zum Abschluss eine Sage erzählen:
Ein weiser und gläubiger Mann lebte ganz alleine im Wald. Er hatte eine innige Beziehung zum Schöpfer und zur Wahrheit. Doch eines Tages wurde der Teufel auf ihn aufmerksam und kam mürrisch in den Himmel. Er konnte diese innige Beziehung nicht ertragen und fragte den Schöpfer: ‚Darf ich diesen weisen und gläubigen Mann auch in Versuchung führen?' In seiner Barmherzigkeit gestattete der Schöpfer es dem Teufel.
Die Engel vernahmen dieses Gespräch und schauten dem Teufel nach, als er wieder zur Erde herab stieg.
Nach kurzer Zeit kamen Schüler zu dem weisen und gläubigen Mann. Daraufhin entstand eine Schule mit seinem Namen. Er gründete einen Hauskreis, der sich schließlich wie eine Erweckung über das ganze Land ausbreitete.
Schelmisch lachten die Engel über den Teufel, während sie sich wieder ihren Arbeiten zuwandten.

Als jedoch der Teufel einige Zeit später zufrieden grinsend den Himmel betrat, staunten die Engel nicht schlecht: ‚Was grinst du so? Schämst du dich gar nicht über deine Niederlage gegen den weisen und gläubigen Mann?'

Der Teufel wunderte sich: ‚Niederlage? Ihr habt wohl nicht richtig hingesehen. Schaut mal runter: Was für eine Hierarchie ist entstanden unter den Schülern, wie sind sie neidisch um ihre Posten? Wie sind sie versessen auf Macht und Anerkennung?
Den Sieg über diesen Mann habe bestimmt ich davongetragen'"

Mit diesen eindringlichen Worten schloss ich meine Rede und verabschiedete mich. Der Lehrer blickte mir nachdenklich nach. Er versuchte nicht, mich aufzuhalten. Vielleicht hatte er die Parabel verstanden.
„Solange man alleine seinen Weg geht, ist die Beziehung zum Schöpfer stark und unangreifbar. Doch sobald sich Organisationen bilden, Gemeinden, Vereine ... sieht ‚der Teufel' seinen Einstieg."

Alleine fuhr ich nach Hause, mit dem sicheren Gefühl, das Richtige getan zu haben.

Hiob

Langsam begann ich zu verstehen, was Josef damit gemeint hatte, dass die Prüfungen immer schwieriger werden, je mehr man zu verstehen beginnt. Mein Geist war stets wachsam und dennoch kamen Prüfungen auf mich zu, an denen ich zu scheitern drohte. Mein tiefer Glaube wurde schwer auf die Probe gestellt.

An einem verregneten Herbsttag musste ich meine Termine in der Praxis absagen, da mich heftige Schmerzen plagten. Ich glaubte vorerst an eine Verkühlung, doch als sich die Schmerzen nach Tagen nicht besserten, suchte ich einen Arzt auf. Er untersuchte mich auf alle möglichen Krankheiten, ohne jedoch den Grund meiner Schmerzen zu eruieren. So wurde ich ins Krankenhaus überwiesen, wo verschiedenste Untersuchungen vorgenommen wurden, ohne zufriedenstellende Diagnose.
Zu dieser Zeit sprach ich oft zum Ewigen, er möge mir doch ein Zeichen senden über die Ursache meiner Krankheit. Doch meine Verbindung zur zauberhaften Welt schien wie ausgelöscht. Ich fühlte mich von allem abgeschnitten, was mich sonst erfüllte. Nicht einmal das Wort oder die hebräische Sprache konnten mir dabei helfen. Das Einzige was mich aufrecht erhielt, war mein unerschütterlicher Glaube. Doch die Schmerzen zermürbten meinen Verstand und ließen immer wieder Momente der Verzweiflung aufkommen.

Wochenlang lag ich im Krankenhaus, ohne Aussicht auf Besserung. Dann erreichte mich die Nachricht, dass meine Versicherung den befundlosen Krankenhausaufenthalt nicht länger übernehmen würde.
Da ich bis auf weiteres sämtliche Termine in der Praxis absagen musste, hatte ich auch keinerlei Einnahmen. Doch ich war noch immer zu schwach, um nach Hause zu gehen. „Vertraue! Nichts geschieht umsonst", erinnerte ich mich immer wieder an Josefs Worte.

Meine Familie besuchte mich oft. In den Augen meiner Mutter sah ich große Sorge um mich. Eines Tages bat ich meinen Bruder, beim nächsten Besuch die Post von zu Hause mitzubringen.
Als ich die Kündigung meiner Praxis in der Hand hielt, war ich wie von Sinnen. Gerade mal zwei Monatsraten war ich im Rückstand. Obwohl ich meinem Vermieter meine aussichtslose Lage schilderte, blieb er hart. Also bat ich meinen Bruder, die wertvollen Gegenstände aus der Praxis zu räumen.
Mit großer Enttäuschung kam er zurück. Der Vermieter hatte bereits alles verkauft, was auch nur den geringsten Wert hatte, um die noch ausstehenden Monatsraten damit zu decken. Mitfühlend meinte mein Bruder: „Das ist alles, was ich noch finden konnte." Er stellte eine Kiste auf den Tisch. Darin lagen ein Buch, eine Zimmerpflanze und die Patientenakten.
Ich biss die Zähne zusammen und versuchte, nicht in Tränen auszubrechen. Es war uns beiden bewusst, dass ich im schlimmsten Fall auch mein Haus verlieren würde.

Meinen Hund Pargod hatte ich vor der Einweisung ins Krankenhaus zu Mirjam gebracht. Jede Woche besuchte sie mich mit ihm. Und immer wieder bestärkte sie mich: „Sei tapfer, der Ewige wird dich nicht verlassen."
Ich glaubte an ihre Worte. Selbst wenn sich alles gegen mich wenden sollte, würde ich mir meinen Glauben nicht wieder nehmen lassen. Auch wenn ich das alles nicht verstehen konnte, wusste ich, dass es irgendeinen Sinn hatte.

An einem Nachmittag besuchte mich der junge Mann, welchen ich eine Weile unterrichtet hatte. Meine Zurückweisung machte ihm noch immer zu schaffen. Er fragte mich vorwurfsvoll: „Was ist das für ein Ewiger, der dich so jämmerlich leiden lässt? Wenn du wirklich gläubig wärst, hättest du mich damals nicht zurückgewiesen und würdest heute nicht hier liegen."

Ich sah ihn ernst an und überlegte lange, bevor ich schließlich antwortete: **„Der Mensch lebt in dem Irrglauben, dass der Ewige ihn vor allem Übel dieser Welt schützen würde, wenn er nur stark genug an ihn glaubt. Doch keiner von uns ist von Unheil befreit. Es stellt sich allein die Frage, wie wir dieses Unheil ertragen können."**
Mürrisch verließ er das Krankenzimmer. Meine Antwort missfiel ihm sehr, doch sie entsprach der Wahrheit.

17 Wochen nach meiner Einweisung ins Krankenhaus entließ man mich als „gesund", da man keine nachweisbare Erkrankung feststellen konnte. Meine Beschwerden hielten jedoch nach wie vor an. Es war mir unmöglich, die Arbeit wieder aufzunehmen.
Die Rechnungen stapelten sich. Plötzlich klopfte es. Als ich die Türe öffnete, stand der Gerichtsvollzieher da. An seine Worte erinnere ich mich heute nicht mehr. Nur wie im Traum kann ich mich daran erinnern, dass ich an diesem Tag meinen ganzen materiellen Besitz verlor, den ich in den vergangenen Jahren erarbeitet hatte. Ich packte meine Koffer, so weit es meine Kräfte zuließen. Bevor die Türe hinter mir ins Schloss fiel sprach ich leise: „Herr, dein Wille geschehe." Ich haderte nicht mit meinem Schicksal, sondern nahm es widerspruchslos an.

Mirjam bot mir an, mit Pargod bei ihr zu wohnen, bis ich mich wieder erholt hatte. Also zog ich in einem kleinen Zimmer unter dem Dachboden ein. Meine Kisten lagerte ich in der Garage und lebte fortan nur vom Notwendigsten.
Eines Nachmittags stöberte ich im Buchregal in Mirjams Wohnzimmer. Da fiel mein Blick auf ein schwarzes Buch mit goldener Aufschrift. Als ich darin zu lesen begann, erkannte ich die Erzählung über Hiob. **„Hiob stellt den Menschen dar, welcher vom Ewigen auf eine schwere Probe gestellt wird, um seinen Glauben zu prüfen. In der Geschichte verliert er alles was er hat, sogar seine Kinder, und dennoch bleibt er dem Ewigen treu."** Tränen der Erleichterung stiegen in meine Augen. Endlich wusste ich, warum mir so viel Schlimmes widerfuhr:

„Eine große Prüfung des Glaubens."

Das vergessene Wissen

Nach und nach erholte ich mich und konnte meine Arbeit wieder stundenweise aufnehmen.
Als die Weihnachtszeit heranrückte, suchte ich in meinen Kisten nach der Krippe und den alten Holzfiguren. Seit Kurzem wohnte ich wieder allein in einer kleinen Wohnung und die Kisten standen noch teilweise verschlossen im Flur. Liebevoll stellte ich die Holzfiguren an ihre Plätze in der Krippe. Das Kind blieb noch in der Schachtel, es sollte erst am 24. in die Krippe gelegt werden.

Pargod winselte vor der Terrassentüre und forderte mich zum Spazierengehen auf. Seinetwegen hatte ich eine Wohnung im Erdgeschoss gesucht, damit er auch weiterhin einen Platz bei mir hatte und dennoch im Freien war, so wie es seiner Natur entsprach.
Der erste Schnee fiel und die Straßenlaternen tauchten die Umgebung in eine romantische Stimmung. Ich stellte mir vor wie wundervoll es wäre, diesen Moment mit der Frau meines Lebens zu teilen. Obwohl ich sie noch nicht kannte, empfand ich bereits eine große Liebe zu ihr.
Da sprang eine schwarze Katze vom Zaun in die Mitte des Weges. Pargod stellte die Ohren auf und musterte sie gespannt. Majestätisch bäumte sich die Katze vor uns auf und Pargod lief ihr mit wedelndem Schwanz entgegen. Sie beschnupperten sich gegenseitig. Entgegen meiner Erwartung entstand kein Kampf zwischen den beiden Tieren und ich dachte: „Sie sind zwei Wesen voller Gegensätze. Der treue Hund wird vom Menschen geführt und begegnet der mystischen Katze, welche unmöglich zu führen ist. Und dennoch geschah es, dass gerade diese beiden Gegensätze Gefallen aneinander fanden. Liegt es am Menschen, ob Hund und Katze sich bekämpfen oder vertragen?"

Mit dieser Frage kam ich später nach Hause und suchte sofort in den alten Schriften nach Erzählungen über Hund und Katze. Was ich fand war erstaunlich: **„Diese beiden Tiere bezeichnet die Überlieferung als die ‚Wächter des Paradieses'. Der Hund repräsentiert das Zusammenwirken von Herz und Verstand. Er braucht Führung, andernfalls wird er bissig und gefährlich. Und verhält es sich mit dem Herzen nicht genauso? Den Hund kann man trainieren, genau wie den Verstand. Die Katze hingegen repräsentiert den Geist: sie ist frei und unabhängig. ‚Der Geist weht wo er will', sagt der Volksmund und zeigt die Katze nicht in ihrem Wesen, dass sie nur tut, was ihr gefällt?"**
Ergriffen starrte ich ins Leere und dachte über die Genialität des Lebens nach, dass die Symbole im Wort erklärt und im Leben erkannt werden können.
Da fiel mein Blick auf die Krippe. Ich erinnerte mich, dass damals Großmutter von einer tiefen Symbolik der Krippe sprach, als sie mir von ihrem Vater erzählte.
Fasziniert griff ich nach dem Wörterbuch und übersetzte als erstes das Wort „Esel" ins Hebräische zurück.

„Im hebräischen Wort Esel sind auch die Worte ‚Materie', ‚Körper' und ‚Lehm' zu finden.
Der Esel trägt seinen Besitzer und auch seine Last. Und ist er nicht wahrlich wie unser Körper, welcher unsere Seele und unsere alltäglichen Lasten trägt? Wie oft nimmt unser Körper sogar die Last einer schweren Krankheit auf sich, um unser Bewusstsein zu schulen?
Dieser Esel, unser Körper, ist sehr wichtig für die Krippe. Denn erst durch die Möglichkeit der Körperlichkeit kann der Erlöser geboren werden."

Verzaubert notierte ich sämtliche Namen, Tiere und Orte, welche in der Krippenerzählung vorkamen. Eine Figur nach der anderen begann ich zu durchleuchten. Ich übersetzte die Wörter ins Hebräische, notierte Wortgleichheiten, Zahlenwerte und Erklärungen aus den Überlieferungen. Monatelang suchte und schrieb ich alles auf, bis sich langsam alles zu einem Gesamtbild zusammenfügte. Jeder Name, jedes Tier und jeder Ort hatte eine ganz besondere Bedeutung. Kein Wort war willkürlich gewählt, alles ergab einen übergeordneten Sinn.
„Die Krippengeschichte ist die Erzählung über den Erlösungsweg des Menschen. Jede Figur und jeder Ort ist ein Teil, welcher bei der Erlösung von Wichtigkeit ist."

Wie Josef mir vor vielen Jahren erzählte, beinhaltet der Name „Josef" auch das Wort „hinzufügen".
„Wenn Josef in unser Leben tritt, wird noch etwas Höheres unserem Leben hinzugefügt werden. Josef ist die Voraussetzung, dass das Kind, der Erlöser, geboren werden kann. Doch damit der Erlöser in unserem Leben endgültig erscheint, braucht es Mirjam, welche das Ewige in der Zeit zum Vorschein bringt. Diese Mirjam ist jungfräulich, das heißt ‚ohne Erinnerung an einen Mann'. Denn sie gebiert das Kind nicht aus kausaler Berechnung, sondern als ‚Wunder des Ewigen' in die Welt."

Von Josef und Mirjam kam ich schließlich zu Bethlechem, dem Ort, an welchem das Kind geboren wird. Wieso gerade hier? Auch da gab mir die hebräische Sprache eine Antwort.
„Der Name bedeutet übersetzt ‚Haus des Brotes'. Doch was ist mit diesem Brot gemeint? Im hebräischen Wort für Brot steht auch der Begriff ‚Krieg', ‚Auseinandersetzung'. Wenn es also heißt: ‚Unser täglich Brot gib uns heute', erkennen wir die Aussage: ‚unsere tägliche Auseinandersetzung mit dem Leben'. Und Bethlechem ist eben das Zuhause dieser Auseinandersetzung, wo nach dem täglichen Lebenskampf die lang ersehnte Erlösung wartet – die Geburt des Erlösers."

Noch lange dachte ich über diese Aussage nach. Das Leben ist ein Kampf und dieser Kampf ist wichtig. Denn durch die Auseinandersetzung lernt der Mensch Entscheidungen zu treffen und im Leben weiterzukommen. Wer dem Kampf aus dem Weg geht und seinen Kopf in den Sand steckt, wird nie nach

Bethlechem kommen und den Erlöser nie finden. Beim Wort „Entscheidung" fiel mein Blick auf das stattliche Kamel, auf welchem der König in seinen prunkvollen Gewändern saß. Als ich „Kamel" in Hebräisch las, stellte ich fest, dass es dasselbe Wort war wie für den dritten Buchstaben im hebräischen Alphabet. „In der Drei liegt immer eine Entscheidung", hatte mir Josef beigebracht. „Das entweder oder. Die Eins steht der Zwei als Alternative gegenüber."

„Und das Kamel führt den Menschen durch die Wüste. Diese wiederum entspricht dem Wort ‚Sprechen'. Das ganze Leben ist ein Gespräch mit dem Ewigen. Durch dieses Gespräch führt uns das Kamel, symbolisch für die Entscheidung. Denn nur die Entscheidung lenkt uns durchs Leben."

Weiter hieß es in der Erzählung, Josef wäre ein Nachkomme Davids. Im Namen David fand ich die Worte „Onkel", sowie den Wortstamm der „Liebesäpfel". **„In den alten Schriften wird David als der Mensch der vollkommenen Lebensfreude und Liebe erwähnt. Die Hingabe und das Vertrauen Davids in den Ewigen bringen den Menschen zur Frohlockung, zum Tanzen und Singen. Das Leben Davids ist ein reines Lob-Gebet an den Ewigen. Aus seinem Geschlecht kommt der Erlöser, der ‚König der Juden'. Denn im Wort Jude steckt nichts anderes als ‚das Lob des Ewigen'.**
Der Gegenspieler von David ist Schaul, welcher den depressiven Menschen sowie die Opferhaltung des Menschen verkörpert. Er glaubt, sich Liebe und Anerkennung durch seine Leistungen erarbeiten zu müssen."
Nachdenklich stellte ich fest, dass David und Schaul die wahren Gegenätze darstellten. Und dennoch waren sie beide im Menschen zu finden.

Auch im Wort „Hahn" treffen zwei Gegensätze aufeinander. **„Sowohl die Unbeweglichkeit als auch die Bewegung sind in seinem Namen zu finden. Ist es nicht der Hahn, welcher in aller Früh die Erstarrung der Nacht mit seinem Schrei durchbricht? Im totalen Schweigen beginnt erneut ein Gespräch. Der Schrei des Hahnes weckt den Menschen auf und weckt symbolisch auch die schlafende Seele aus ihrem Schlummer. Der Hahn wird in der Erzählung nicht erwähnt, doch stellt man ihn als Tier in die Krippe. Erst wenn der Mensch den Ruf des Hahnes in seinem Leben vernommen hat und erwacht ist, beginnt er nach dem Sinn seines Daseins zu suchen."**

Tief berührt las ich immer und immer wieder die Bedeutungen der Figuren. Die kleine Krippe stand noch immer auf dem Regal. Sie erzählte mir hunderte Geschichten von denen ich nur wenige aufschrieb. Schon lange war sie kein starres Denkmal mehr, das nur an eine vergangene Geschichte erinnerte.
Als ich so vertieft in Gedanken die wunderbar verarbeiteten Figuren betrachtete, stieg erneut ein feiner Tabakduft in meine Nase.
Ich lächelte und flüsterte in die Stille: **„Hallo Urgroßvater. Grüße meine geliebte Großmutter von mir."**

Die Krippe im eigenen Leben finden

Nur durch die persönliche Beziehung zum Ur-Wissen kann der Mensch sein inneres und äußeres Erleben miteinander in Einklang bringen.
Doch Beziehung entstand erst, wenn das gehörte Wort auch erlebt wurde. Ich konnte zur Krippe erst dann eine wahre Beziehung aufbauen als ich sie in meinem Leben erfahren hatte.
Als ich mich auf die Suche nach der verborgenen Krippe in meinem Leben machte, fühlte ich mich wie ein Schatzjäger, der einer geheimnisvollen Karte folgte. Im sicheren Vertrauen, dass ich die verborgenen Juwelen finden werde.

Am Einfachsten war in meinem Leben die Ziege zu erkennen. **„Das Wort ‚Ziege' ergibt den Zahlenwert 17. Aus den Schriften wusste ich bereits, dass die 17 immer der Ausdruck für einen Untergang, einen Abschluss bedeutete mit einem darauf folgenden Neuanfang."** Als beispielsweise mein Großvater starb, ging für mich ein Lebensabschnitt zu Ende und ein neuer begann. Jede Wende in meinem Leben war von einem Untergang und einem Neubeginn geprägt. Die Ziege hatte mich mein ganzes Leben lang begleitet.

In der Krippenerzählung wird auch „Herodes" genannt. Er verkörpert in der Geschichte den falschen König, welcher über die Welt herrscht und sie in eine Lüge verwandelt.
„Im Wort Herodes steckt das hebräische Wort ‚zittern', ‚bangen'. Er zittert, weil er weiß, dass er nicht der wahre König dieser Welt ist. Er fürchtet um den Verlust der Alleinherrschaft."
Herodes begegnet uns im Leben auf unterschiedliche Weise. Beispielsweise in der Naturwissenschaft. Solange der Mensch naturwissenschaftlich denkt, fühlt er sich sicher und glaubt, alles erklären und kontrollieren zu können. Wir räumen somit der Naturwissenschaft die Alleinherrschaft ein und denken nicht daran, dass es noch etwas anderes geben könnte.
Sobald uns jedoch im Leben ein Wunder widerfährt, erschrecken und zittern wir. Ein Wunder passt nicht in unser logisches, angepasstes Weltbild. Um das Wunder annehmen zu können, müssten wir vieles von unserer Selbstverständlichkeit aufgeben. Vielleicht müssten wir uns sogar einer komplett neuen, nicht überschaubaren Denkweise öffnen. Davor fürchten wir uns. Wir fürchten uns, die Herrschaft über unser Leben zu verlieren.

Auch in einem anderen Teil der Krippenerzählung begegnete mir das Thema der Herrschaft. Ich erinnerte mich an die Nacht, in der ich Drogen nahm und auf dem Heimweg ausgeraubt und verprügelt wurde. An jenem Tag gab ich meine Eigenwilligkeit auf und legte mein Leben in die Hand des Ewigen. Daraufhin veränderte sich alles. Es war eine Begegnung mit der Krippe selber, die ich damals erlebte.
„Denn die Krippe spricht zum Menschen: ‚Der Ewige sei dein Herr'.

Nicht umsonst wird der neugeborene Erlöser in eine Krippe gelegt. Nur hier kann Erlösung stattfinden, in der vollkommenen Hingabe an den Ewigen."
Eines Nachmittags kam mir die Frage in den Sinn, warum so viele Menschen den Engel für wichtig erachteten. Also forschte ich über seinen Namen nach und fand das Wort „arbeiten". Ich konnte mir vorerst keinen Reim aus diesem Wort machen, bis ich schließlich verstand.

„Der Engel ist wie ein verlängerter Arm des Ewigen, welcher bis in die äußerste Schicht der Materie vordringt. Der Engel ist die Tat des Ewigen in der materiellen Welt.
Wenn uns eine solche ‚Tat' begegnet, erfahren wir eine Richtungsänderung in unserem Leben. Denn die Flügel des Engels zeigen eine Ecke, welche uns zu einer ‚Richtungsänderung' zwingen."

Als Josef vor vielen Jahren bei Großmutter auftauchte, erschien er uns wie ein Engel. Selbst wenn ich heute wusste, dass sein sonderbares Verschwinden einen kausal erklärbaren Grund hatte, brachte er uns dennoch eine Botschaft aus einer anderen Wirklichkeit.
Und seine Worte beeinflussten mein weiteres Leben. Vielleicht dürfen wir uns von kausalen Zusammenhängen nicht entmutigen lassen, das Heilige in unserem Leben zu sehen …

Als ich über meine Kindheit nachsann, erinnerte ich mich auch an die schwere Zeit, in welcher ich starke, innere Kämpfe auszustehen hatte. Mein kindliches Gemüt kämpfte ums Überleben. Die zauberhafte Welt begann durch meinen Verstand und meine Vernunft immer mehr zu verschwinden.
Es fiel mir plötzlich schwer zu träumen, zu vertrauen und zu glauben. Mehr und mehr begann ich alles zu ergründen, zu erklären, abzuwägen und abzuschätzen. Bis schließlich kein Platz mehr für das Wunder einer anderen Wirklichkeit blieb.
„So erkannte ich in dieser Phase meines Lebens die Volkszählung, welche die kalte Intelligenz und den Kontrollwahn des Menschen symbolisiert. Die Berechnung, welche dem Wunder, dem Zufall, dem Träumen und Glauben keinen Raum mehr lässt."

Doch bei aller berechnenden Intelligenz ging mir eines nie verloren: Mein ganzes Leben lang träumte ich davon, ein Hirte zu sein. Je mehr ich das Wesen des Hirten zu verstehen begann, desto mehr verstand ich, warum es mich so sehr zum Hirten hinzog. **„Denn das Wort ‚Hirte' ist gleichbedeutend mit dem Wort ‚sehen'. Der Sehende kennt die Wahrheit und erwartet die Erlösung. Darum sind die Hirten die Ersten, denen der Engel erscheint und die Botschaft des neugeborenen Erlösers verkündet. Und eben diese Hirten führen ihre treuen Schafe - die Erfahrungen, Erlebnisse und Erkenntnisse – zur Einheit zusammen."**

Als ich einige Tage später über die Herbergssuche nachlas, traf es mich wie ein Blitzschlag im Herzen. **„Josef und Mirjam finden in der Erzählung keine Herberge. Die Menschen sind nicht bereit, den kommenden**

Erlöser aufzunehmen. Jeder von uns sollte sich die Frage stellen, wie oft er schon nicht bereit war, einen anderen Menschen aufzunehmen oder anzunehmen. Vielleicht aus einem Vorurteil, aus Ignoranz oder einfach aus Angst, er könne unser gewohntes Leben verändern.
Doch die Überlieferung sagt, du sollst immer Gäste empfangen, denn man weiß nie, wann ein Engel unter ihnen ist."
Als ich damals Josef im Regen stehen sah, nahm ich ihn ohne zu zögern auf. Und welch große Gnade habe ich durch ihn erfahren …

Zu guter Letzt gelangte ich zum Stern. **„Sein Zahlenwert weist auf die 42 hin. Dieselbe Zahl, welche auch die Stationen durch die Wüste erkennen lässt. Der Weg durch die Wüste dauert ein ganzes Leben, und der Stern führt uns dabei von Station zu Station."**
Wie der rote Faden, der sich durch das Leben zieht. Im Augenblick erkannte ich ihn oft nicht, denn er begegnete mir auf so unterschiedliche Weise: Als Mensch, als Aussage, als Gefühl, als Schicksalsschlag, als Unfall, als Eingebung, als Wunsch … Immer erschien er anders und doch erkannte ich, wenn ich zurückblickte, dass er mich zu jeder Zeit führte.
„Der Weg des Sternes endet dort, wo der neugeborene Erlöser liegt."
Voller Spannung wartete ich, auf welchen Pfaden mich der Stern weiterführen würde. Nun, da ich ein Hirte war, welcher einen Teil der Wahrheit erkannt hatte und den Erlöser erwartete …

Eines war mir bewusst: **„Die Krippe ist in jedem Augenblick des Lebens lebendig und allgegenwärtig."**
Ich erkannte sie nicht nur in den Zeiten, in welchen ich mich mit dem Sinn des Lebens beschäftigte. Nein, die Krippe war auch dort gegenwärtig, wo ich in vollkommener Ignoranz mein selbstsüchtiges Leben gestaltete.
Der ganze Lebensweg war ein Teil der Krippe. Immer ging mir der Stern voran, ob ich ihn erkannte oder nicht.

Nie wieder möchte ich in mein damaliges Leben zurückkehren, in dem ich nichts von alledem verstand und in dunkle Sinnlosigkeit tappte. Und dennoch stand es mir nicht zu, diese Phase meines Lebens abzuurteilen.
Die Überlieferung sagt, dass einer, der das Wort nicht kennt, noch mehr zu achten sei als der, welcher um die Ewigkeit wusste.
Ein weiser, chassidischer Lehrer erzählte einst: „Jene denken, sie würden die Welt durch ihre Wissenschaften verstehen und wir wären Träumer. Und unsereiner denkt, er wüsste alle Geheimnisse der Welt und jene würden in Sünde leben. In Wahrheit aber sind wir beide ein Teil dieser Welt.
Und welche Last ruht auf jenen, welche nicht wie wir um die Ewigkeit wissen? Wir kennen bereits den ewigen Lohn, um den wir in diesem Leben unsere Arbeit verrichten.
Wie viel schwerer muss es für jene sein, die nichts von der Ewigkeit wissen, nichts vom Sinn der Zusammenhänge erahnen, und dennoch ihre Arbeit mit Hingabe verrichten. Große Achtung habe ich vor diesen Menschen."

Shabbat

Durch das Erkennen der Krippengeschichte in meinem Leben, schwebte ich viele Tage wie auf Wolken. Ich erzählte allen Verwandten und Bekannten über meine tiefe Einsicht und entfachte auch in manchem von ihnen das Feuer zu einem anderen Verständnis.
Dennoch erging es mir ähnlich wie meinem Urgroßvater, denn viele Menschen konnten meine Freude nicht nachempfinden und wiesen mich als „Spinner" zurück. Nach dem Vorbild meines Urgroßvaters ließ ich mich jedoch nicht davon beirren, sondern sprach weiterhin zu jenen, die mit offenem Herzen meine Erkenntnisse empfingen.

So ergab es sich, dass ich über kurze Zeit einigen Menschen begegnete, welche diese Weisheiten erlernen wollten.
Nur wenige von ihnen lernten über längere Zeit. Doch in derer Leben erkannte ich dieselbe, wundersame Veränderung wie in meinem eigenen Leben.

Ich war überglücklich und erfüllt, der Menschheit mit meiner Arbeit über das körperliche Wohlbefinden hinaus auch von diesen wunderbaren Weisheiten etwas weitergeben zu können.

In einem Traum erkannte ich mich als einen alten Brunnen, welcher das frische Wasser aus der Quelle empfing und es unermüdlich weiterreichte an jene, welchen es nach Wasser dürstete. Erlebte ich gerade das Wesen der „Mirjam"? …

„Plötzlich erkannte ich, dass dieses Erkennen und Verstehen bereits das erste Anzeichen der Geburt des Erlösers in meinem Leben war."

Die Ewigkeit erwachte in mir und erlöste mich vom Leid der Zeit. Dem ausgeliefert sein an ein willkürliches, nicht zu ergründendes Schicksal.
Fortan tappte ich nicht mehr im Dunkel, sondern erkannte den tieferen Sinn der Dinge. Wenn auch nicht sofort, dann zumindest im Rückblick.

Ein lautes Klopfen an der Türe riss mich aus meinen Gedanken. Ein Bote überbrachte mir einen Eilbrief. Als ich ihn öffnete, erkannte ich eine geschwungene Frauenhandschrift. Der Brief war von Josefs Tochter. Sie berichtete mir, dass Josef im Sterben läge und mich bitten würde, ihn ein letztes Mal zu besuchen.
Sofort sagte ich alle Termine für die kommende Woche ab und setzte mich in den Zug. Zum ersten Mal sollte ich erfahren, wie Josef die Zeiten verbrachte, in denen er aus meinem Leben verschwand. Ich würde vielleicht auch die Menschen kennen lernen, die zu seinem Leben gehörten.

Mein Herz klopfte, als ich vor der angegebenen Adresse stand. Es war ein kleines, gelbes Haus mit liebevoll gepflegtem Garten.

Als sich die Türe öffnete, blickte ich in die klarsten Augen, welche ich in meinem Leben jemals gesehen hatte.

Fasziniert blickte ich die junge Frau an, unfähig ein Wort zu sprechen. Sie ergriff zuerst das Wort und stellte sich als Josefs Tochter vor, welche mir den Brief geschickt hatte.
Gerührt betrat ich den engen Flur und betrachtete die Bilder an der Wand. Auf einem Foto sah ich Josef, wie ich ihm das erste Mal begegnet war.
Im Wohnzimmer saß Josefs ganze Familie versammelt. Sie begrüßten mich wie ein Familienmitglied. Scheinbar wussten sie mehr von mir, als ich über sie. Ich wunderte mich, dass Josef seine Familie die ganzen Jahre über nie erwähnt hatte.

Dann führte mich Josefs Tochter in ein kleines Zimmer am Ende des Flurs. Im Bett lag Josef. Sein Gesicht war blass und schmal geworden. Als er mich erblickte, streckte er mir erfreut die Hand entgegen. Sein Händedruck war schwach, doch die Liebe in seinen Augen berührte meine Seele.

Er empfing mich wie einen Sohn: „Du hast mir gefehlt." Tränen stiegen in meine Augen und meine Stimme versagte, als ich Worte erwidern wollte. Er streichelte mir liebevoll über den Kopf und meinte, es wäre alles gut.
Da er sehr schwach war, durfte ich ihn nicht zu lange beanspruchen. Also ging ich nach kurzer Zeit etwas verloren zurück in den Flur. Sofort stand Josefs Frau vor mir und lud mich gastfreundlich ein, mit der Familie zu essen.

Die Art und Weise wie sie miteinander umgingen, berührte mich. Sie behandelten mich wie einen von ihnen und so fragte ich sie schließlich: „Wieso haben wir uns nicht schon früher kennen gelernt? Josef hat mir nie von euch erzählt."

Da lachte sein ältester Sohn und meinte: „Vater ist voller Geheimnisse. Er wird schon seine Gründe gehabt haben …"
„Er hat uns aber viel von dir erzählt", meinte seine Frau verheißungsvoll. „Doch das soll er dir selber erzählen."

Als ich später erneut in Josefs Zimmer trat, fragte ich ihn nach seinem merkwürdigen Verhalten.
Ein schwaches Grinsen erstrahlte über seinem schmalen Gesicht. Trotz seiner körperlichen Schwäche war seine innere Gelöstheit nicht zu übersehen.

„Alles zu seiner Zeit", antwortete er und rief nach seiner Tochter. Als sie die Hand ihres Vaters hielt und gespannt auf seine Worte wartete, begann er leise zu sprechen:
„Wir feiern den Shabbat als einen der höchsten Feiertage. Jede Woche erinnern wir uns daran. Doch was in Äußerlichkeiten an Ritualen gehalten wird, ist nur ein Symbol dessen, was der Shabbat jedem Menschen sagen will.

Der Shabbat ist der letzte Schöpfungstag, an dem der Schöpfer ruht. Er zeigt uns die richtige Herzenshaltung, die der Mensch haben sollte: Das gelassene Hinnehmen des Lebensgeschenkes. Falsch liegt der Mensch, welcher immerzu im Trubel hetzt und glaubt, er müsse die Welt verbessern.

Die Schöpfung ist bereits vollkommen und die höchste Aufgabe des Menschen besteht darin, die Einheit der Gegensätze zu vereinen. Die Welt der Dualität wird durch das rechte Handeln des Menschen wieder zur Einheit zurückgeführt.
Auch Mann und Frau symbolisieren diese Gegensätze, welche im Leben zu einer Einheit zusammenwachsen sollen. Aus eigener Kraft wird es dem Menschen nicht gelingen, den wahren Partner zu finden. Es ist dem Menschen vorherbestimmt, welche Seelen zu ihm gehören."

Er verstummte und atmete schwer. Das Sprechen strengte ihn sichtlich an. Dennoch wandte er sich zu mir und erzählte weiter: „Als du 13 Jahre alt warst, kam ich durch eine schicksalhafte Fügung ins Haus deiner Großmutter und wir begegneten uns zum ersten Mal.

Es war die Nacht, in der meine geliebte Tochter Elischewa geboren wurde.

Als ich damals an euerm Tisch saß und du mir mit interessierten Augen zuhörtest, erhielt ich für einen kurzen Moment Einblick in deine Seele. Und ich erkannte in dir den zukünftigen Mann von Elischewa.

Von allem Anfang an war eure Liebe in der Ewigkeit beschlossen. Es war meine Aufgabe dir beizubringen, was mir an Wissen zuteil wurde, damit du meine Tochter im selben Geist weiterführen würdest.

Natürlich war es zu keiner Zeit sicher, dass es auch soweit kommen würde. Hätte nur einer von euch eigenwillige Wege beschritten und sich von seiner inneren Wahrheit getrennt, so hättet ihr nie zusammengefunden. Meine Kinder sind meine kostbarsten Juwelen. In ihnen werde ich weiterleben, wenn ich einst diese Welt verlassen habe.

Du bist der Ehemann, welcher meiner Tochter vom Ewigen bestimmt wurde. Und der Segen des Ewigen wird über euch und euern Kindern und Kindeskindern ruhen, solange ihr nach der Wahrheit sucht.

So nun findet meine Seele Ruhe und ich kann getrost diese Welt verlassen. Meine Aufgabe in dieser Welt ist erfüllt."

Langsam drehte sich Elischewa zu mir und streckte mir ihre Hand entgegen. Als sich unsere Hände zusammenschlossen, verwoben sich unsere Seelen fest ineinander.

Teil 2
Kalendergeschichten

Es kennt der Ochse seinen Eigentümer, der Esel die Krippe seines Herrn. Israel aber kennt mich nicht, mein Volk hat keine Einsicht.

(Jesaia 1,3)

ידע שור קנהו וחמור אבוס בעליו
ישראל לא ידע עמי לא התבונן
ישעיה א'ג

Lukas 2,1–21

(1) Um diese Zeit erließ **Kaiser Augustus**
den Befehl, im ganzen Reich eine
Volkszählung durchzuführen.
(2) Diese Erfassung, die erste ihrer Art,
fand statt, als Quirinius Stadthalter in
Syrien war. (3) Jeder ging hin, erfasst zu
werden, ein jeder in seiner Heimatstadt.
(4) Deshalb zog **Josef**, weil er ein
Nachkomme **Davids** war, von der
Stadt **Nazareth im Galil** hinauf in die
Stadt **Davids**, genannt **Bethlechem**,
in Jehuda, (5) um erfasst zu werden,
zusammen mit seiner Verlobten,
Mirjam, die schwanger war.

(6) Während sie dort waren, kam die Zeit
für sie zu gebären;

(7) und sie gebar ihr erstes Kind, einen
Sohn. Sie wickelte ihn in ein Tuch
(Windel) und legte ihn in eine **Krippe**,
weil kein Platz für sie in der **Herberge**
war.

(8) Auf dem nahe gelegenen Land
befanden sich ein paar **Hirten**, die die
Nacht auf dem Feld verbrachten und
ihre Herden bewachten,

(9) als ihnen ein **Engel** des Ewigen
erschien und die Schechina (Wohnung
Gottes) des Ewigen um sie herum
erstrahlte. Sie waren zu Tode
erschrocken; (10) doch der **Engel** sagte
zu ihnen: „Habt keine Angst, denn
ich bin hier, euch gute Botschaft zu
verkünden, die allen Menschen große
Freude bringen wird. (11) An diesem Tag
wurde euch in der Stadt **Davids** ein
Erlöser geboren, es ist der **Messias**.

(12) Und daran werdet ihr es erkennen:
Ihr werdet finden ein Kind, in Tuch
(Windeln) gewickelt und in einer
Krippe liegend."
(13) Plötzlich war um den **Engel** eine
riesige Heerschar von **Engeln** und
lobte den Ewigen:
(14) „Im höchsten Himmel, Ehre sei dem
Ewigen, und auf Erden Frieden unter
den Menschen, die guten Willens sind."

(15) Die **Engel** kehrten erst dann in
den Himmel zurück, als die **Hirten**
zueinander sagten: „Lasst uns nach
Bethlechem gehen und das anschauen,
was geschehen ist, von dem der Ewige
zu uns gesprochen hat."
(16) Eilends kamen sie und fanden
Mirjam und **Josef** und das Kind, das in
der **Krippe** lag.
(17) Als sie das sahen, erzählten sie, was
sie über dieses Kind erfahren hatten;
(18) und alle die es hörten, waren
verwundert über das, was die **Hirten**
zu ihnen sagten.

(19) **Mirjam** hielt all diese Dinge in Ehren
und sann in ihrem Herzen über sie nach.
(20) In der Zwischenzeit kehrten die
Hirten zurück und verherrlichten und
lobten den Ewigen für alles, was sie
gehört und gesehen hatten; es war
genauso gewesen, wie ihnen gesagt
worden war.

(21) Am achten Tag, als es Zeit war, für
seine Brith Milah (Beschneidung),
erhielt er den Namen **Jeschua**, wie
ihn der **Engel** vor seiner Empfängnis
verheißen hatte.

Mathäus 2,1–12

(1) Nachdem **Jeschua** geboren war in **Bethlechem**, im Lande Jehuda, zur Zeit, als **Herodes** König war, kamen **Könige** aus dem Osten nach Jeruschalajim (2) und fragten:
„Wo ist der neugeborene König der Juden? Denn wir sahen seinen **Stern** im Osten und sind gekommen, ihn willkommen zu heißen."

(3) Als König **Herodes** davon hörte, war er sehr beunruhigt und mit ihm jedermann in Jeruschalajim.
(4) Er rief alle Haupt-Kohanim und Toralehrer des Volkes zusammen und fragte sie: „Wo wird der **Messias** geboren werden?"

(5) „In **Bethlechem** in Jehuda", antworteten sie, „denn der Prophet hat geschrieben:

(6) Und du, **Bethlechem** im Lande Jehudas, bist keineswegs die Geringste und den Heerscharen Jehudas; denn aus dir wird ein Herrscher hervorgehen, der mein Volk Israel weiden wird."

(7) **Herodes** berief die **Könige** heimlich zu sich und fragte sie, wann genau der **Stern** erschienen war.

(8) Dann sandte er sie mit folgenden Anweisungen nach **Bethlechem**:

„Sucht sorgsam nach dem Kind; und wenn ihr es findet, lasst es mich wissen, damit auch ich hingehen und es willkommen heißen kann."

(9) Nachdem sie gehört hatten, was der König sagte, gingen sie fort; und der **Stern**, den sie im Osten gesehen hatten, ging vor ihnen her, bis er stehen blieb über dem Ort, wo das Kind war.

(10) Als sie den **Stern** sahen, waren sie außer sich vor Freude.

(11) Beim Betreten des Hauses erblickten sie das Kind mit seiner Mutter **Mirjam**; und sie warfen sich in den Staub und beteten es an.

Dann öffneten sie ihre Taschen und überreichten ihm Geschenke: **Gold, Weihrauch** und **Myrrhe**.

(12) Aber sie waren in einem **Traum** davor gewarnt worden, zu **Herodes** zurückzukehren, deshalb nahmen sie einen anderen Rückweg in ihre Königreiche.

Der Kalender

Das Zählen bis zur Ankunft

8
19
14
12
10
23
7
2
6
4
17

Der Hahn

Die neue Schöpfung zu verkünden,
in der die Wurzeln dessen gründen,
was gestern war und morgen sei,
ertönt in tiefer Nacht sein Schrei.

01

Der Hahn

Vollkommene Finsternis und Stille umgaben den Zimmermann [(1)] als er frühzeitig aus einem Traum erwachte und in die Dunkelheit starrte. Und als ob der Traum noch in seinen Gedanken weiterspielte, dachte er sich: „Die Finsternis der Nacht lässt die Umrisse und Klarheit des hellen Tages verwischen. Leben wir dann eigentlich nicht den größten Teil unseres Lebens in dieser Unklarheit der Nacht? Orientierungslos tappt der Mensch im Dunkel und bildet sich ein zu wissen, was richtig und was falsch ist. In Wahrheit aber fühlt sich der Mensch gefangen in dieser endlosen Dunkelheit, in dieser Unwissenheit. In der starren Dunkelheit der Nacht können wir uns nicht vorstellen, dass die Sonne je wieder aufgehen und Bewegung in die Welt kommen könnte. Bewegung ist nicht vorstellbar, wenn die Starre einmal im Bewusstsein des Menschen Einzug erhalten hat. Und doch gehören beide zum Leben des Menschen. Die dunkle Nacht und der helle Tag vollenden nur gemeinsam den Tag als Ganzes. Genau wie die beiden Bäume im Paradies mit ihrer gemeinsamen Wurzel, die nur in der Verbindung den Baum des Lebens bilden können."
So sann der Zimmermann nach.

Da wurde die Stille der Nacht durch den ersten Schrei des Hahnes durchbrochen. Laut hallte sein Ruf in der Finsternis und schreckte Mensch und Tier aus ihrem Schlummer. Unerwartet und überraschend riss er nun auch den Zimmermann aus seinen Gedanken. Der zweite Schrei erschien ihm wie die Erlösung aus der Finsternis und der dritte Schrei erfüllte sein Herz mit Freude.

Hoffnung auf eine neue Schöpfung. Hoffnung auf Licht und Klarheit. Noch war das Licht nicht sichtbar, doch die Hoffnung, sogar Sicherheit, dass die helle Seite des Tages anbrechen wird, wurde durch den Schrei des Hahnes geweckt.

„Ja, mein getreuer Gefährte!" rief er nun aus, „du kennst das Geheimnis. In deinem Namen trägst du sie doch beide, die Starre und die Bewegung [2]. So erinnerst du uns jeden Tag, dass die Bewegung die Starre durchbricht wenn die Nacht dem Ende zugeht und uns das Licht aus der Dunkelheit erlösen wird. Du bringst uns die Sicherheit, dass der Mensch nicht im Dunkel versinken wird, sondern die Schöpfung immer wieder aufs Neue beginnt. Würden wir dich beobachten, könnten wir es an dir erkennen, wie du aufrecht wie ein Mast auf dem Misthaufen thronst, mit erhobenem Haupt zum Himmel blickst und die neue Schöpfung verkündest. Dann ist alles neu, wir sind wieder so, wie wir erschaffen wurden. Die Last von gestern ruht nicht länger auf unseren Schultern. Es sei denn, wir ziehen den alten Rucksack selber wieder an. Die Schöpfung bürdet uns keine Last auf. Wenn am Abend der neue Tag beginnt [3] sind wir frei vom Gestern. Deswegen ist jeder Tag der Richtige, für einen Neuanfang."

So sprach der Zimmermann als er unter der Decke hervor schlüpfte und seine Arbeitshosen anzog, bereit, einen Tag voll Freude zu beginnen. So kam er in den Hühnerstall und bedankte sich bei den Hennen für die beiden Eier, die ihm als stärkendes Frühstück dienen sollten. Er nahm sich nur so viele wie er essen konnte. Die anderen ließ er den Hennen, damit sie die Möglichkeit auf Nachwuchs hatten.

Wie er das Ei mit seinem gelben Dotter in der Pfanne tanzen sah, dachte er: „Das Ei ist doch die Voraussetzung, dass neues Leben entstehen kann. So wie der Hahn die neue Schöpfung verkündet, so gibt das Ei die Möglichkeit zu neuen Generationen. Immer wieder kommt aus dem Ei neues Leben hervor. Zumindest, wenn es nicht in meiner Pfanne landet", schmunzelte er.

(1) Zimmermann „nagar" ist im Hebräischen Wort Hahn enthalten.

(2) Hahn, in Hebräisch „tarnegol", beinhaltet sowohl die Starre „zar" als auch die Bewegung „gal".

(3) Der Tag als Ganzes beginnt am Abend, wenn drei Sterne zu sehen sind.

Der Traum

Bei Nacht und Wind,
geleitet geschwind,
die Seele hinfort,
an ein‘ verborgenen Ort.

Der Traum

Viele Stunden sitzt er schon über der heiligen Schrift und versucht, dem Sinn der Erzählungen näherzukommen. Seine Gedanken überschlagen sich, doch keine Einsicht erhellt seinen Geist. Bis er schließlich über dem Buch einschläft.

In der ersten Phase des Schlafes erkennt er die Relativität der Welt. Was ihm zuvor noch wichtig erschien, verliert plötzlich an Bedeutung. Da gleitet er hinüber und kommt zum Tor der Träume, an dem der Verstand und das logische Denken keinen Einlass finden.

Im Traum begegnen ihm erneut die Figuren, über die er kurz zuvor gelesen hat. Sie sind nicht länger leere Erzählungen, vielmehr scheint es ihm, dass in der Sphäre des Traumes alles zu leben beginnt. Als ob das wahre Leben erst hier seinen Anfang hätte. Doch es soll nicht dabei bleiben. Seine Seele gleitet über eine weitere Schwelle und erreicht den Zustand des Tiefschlafes. Hier begegnen ihm erneut die Figuren, Zahlen, Erlebnisse und Symbole des vergangenen Tages. Jetzt erkennt er ihre tiefere Bedeutung, die er durch die Grenze seines Verstandes im Wachzustand nicht verstehen konnte.

Da erhält seine Seele die Gnade, noch eine weitere Schwelle zu überschreiten. Und er geht in die höchste Sphäre der Visionen ein. Hier kann er nicht nur den Sinn des vergangenen Tages, sondern die ganze Wahrheit aller Zeiten erkennen. Die heilige Schrift ist ihm kein unerklärliches Geheimnis mehr, sondern ein innerer Schatz, der in der physischen Welt erscheint. Und seine Seele labt sich an dieser Heiligkeit und findet keine Worte.

Doch als die Nacht zu Ende geht und die Zeit des ersten Hahnenschreis näher rückt, da kehrt seine Seele zurück, wie von einem unsichtbaren Band gezogen. Und wie er erneut durch das Tor gleitet, erlöschen alle Erinnerungen, um seinen freien Willen nicht zu beeinflussen.

Sein Nacken schmerzt als er sich nach Stunden vom harten Buch erhebt. Was hat er geträumt? Ein Gefühl, eine leise Ahnung, ein Gedanke, ein Bild ...

Nachdenklich gießt er einen Tee auf und hängt dem wunderbaren Gefühl nach, das noch in seiner Brust zu spüren ist. Es vermittelt ihm einen Hauch von dem, was er in der vergangenen Nacht erleben durfte.

Als er sich wieder über die heilige Schrift beugt, liest er die Stelle als Jeschua [(1)] über das Wasser geht. Da kommt ihm der Gedanke: „Das Wasser fließt genau wie die Zeit. Der Volksmund sagt doch auch: ‚Es muss viel Wasser über den Jordan fließen, bis ich dir vergebe.' Wasser und Zeit sind dasselbe. So könnte man auch sagen, dass Jeschua über die Zeit geht … Das bedeutet, dass Jeschua nicht an eine bestimmte Zeit gebunden ist, sondern zu allen Zeiten gegenwärtig ist! Doch nicht nur das, es heißt auch, dass Jeschua über zeit-räumlichem Denken steht und somit der Kausalität nicht unterworfen ist."

An diesem Tag werden ihm noch mehr solcher Einfälle kommen. Wie eine zarte Berührung mit einer höheren Sphäre. Kommen uns von dort nicht oft Eingebungen? Wir rechnen sie dann unserem scharfen Verstand zu oder glauben an eine höhere Macht. Doch in Wahrheit kommen sie aus der leisen Erinnerung an die andere Wirklichkeit, die wir im Schlaf erleben. Wir können diese „Wirklichkeit" nicht steuern, vielmehr werden WIR aus dieser Wirklichkeit beeinflusst.

(1) Jeschua heißt in Hebräisch „die Hilfe des Ewegen". Diese Hilfe drückt sich auch in der schriftlichen und der mündlichen Überlieferung aus, welche diese andere Wirklichkeit offenbaren.

Der erste König

Der reine Geist, von Gold umgeben,
kennt Wunder zweifellos im Leben.
Verborgene Welten sind sein Heim,
in tiefer Wahrheit ruht sein Keim.

03

Der erste König

„Weit weg, in einer verborgenen Welt, die unseren Augen und Ohren verschlossen bleibt, lebt ein großer König [1]. Und er lebt in vollkommener Einheit mit dem lebendigen Geist. Sein Palast besteht aus purem Gold und der Wind aus dem Osten [2] weht immerzu um seinen Palast. Auch wenn wir ihn nicht sehen können, so sieht er uns und seinem wachsamen Auge entgeht nichts. Wenn er sieht, dass einer von uns die Sehnsucht nach der verborgenen Welt im Herzen trägt, so zieht er ein wenig die goldenen Fäden und beeinflusst dessen Leben und Gedanken auf wundersame Weise. Oft vernehmen wir nichts davon, doch manchmal schaudert es uns, wenn wir unverhofft einer Einsicht aus dieser verborgenen Welt begegnen.

Doch viele von uns glauben nicht an die Existenz des Königs. Man hält die Erzählungen über ihn für reine Erfindung. Genauso wie manche denken, der Weihnachtsmann, das Christkind, Elfen, Engel und Dämonen wären reine Kindermärchen. Und doch, tief in jedem von uns schlummert eine gewisse Sehnsucht nach dieser verborgenen Welt. Woher kann diese Sehnsucht kommen, wäre da nicht eine Erinnerung an etwas Verlorenes, tief in uns?"

Mit diesen Worten beendete Sarah die Gute-Nacht-Geschichte. Ihre drei Kinder waren bereits eingeschlafen. Da schlich sie sich leise aus dem Zimmer und setzte sich in den alten Schaukelstuhl auf der Veranda. Sie blickte sehnsüchtig in den Sternenhimmel und vergaß dabei die Zeit. Da tauchte aus dem Nichts ein Mann auf, setzte sich wie selbstverständlich neben Sarah in den Schaukelstuhl und sprach: „Welch wunderbare Gute-Nacht-Geschichte!

Ich wünschte mehr Menschen würden Geschichten erzählen wie du. Vielleicht würden sie dann damit aufhören, den Turm von Babel [3] bis ins Unendliche weiterzubauen. Mit irdischen Mitteln werden sie meine Welt doch nie erreichen. Doch was erzähle ich dir, meine liebe Sarah, du kennst den Weg in mein Reich. Und ich sehe, dass du auch in den Herzen deiner Kinder die Saat gelegt hast, dass sie nach der verborgenen Welt suchen werden." Sarah lächelte dankbar und Tränen stiegen ihr in die Augen als sie diese Worte hörte. Doch als sie sich ihm zuwenden wollte, da war er bereits wieder verschwunden. „Zu sehen bekommen wir dich nie", sprach sie in die Dunkelheit, „doch manche von uns mögen im Schlaf die Gnade erhalten, dir in einer Vision zu begegnen."

Früh morgens kam der kleine Uriel noch schlaftrunken auf die Veranda und krabbelte auf den Schoß seiner Mutter. „Mama, warum schläfst du hier auf dem alten Schaukelstuhl?" fragte er mit leisem Stimmchen. Sarah öffnete langsam die Augen und antwortete: „Ich muss wohl eingeschlafen sein, mein Liebling." Und die Erinnerung an die vergangene Nacht kam ihr wieder ins Bewusstsein. Sie hielt den kleinen Uriel fest umschlungen.

Plötzlich fragte Uriel: „Warum versteckt der König eigentlich immer sein Gesicht?" Da wusste Sarah, dass der König heute Nacht nicht nur ihr erschienen war. Und sie meinte erfreut: „Ich glaube das tut er, damit wir uns kein Bild von ihm machen und uns nicht in Äußerlichkeiten verlieren. Wichtig ist doch, dass er da ist, und nicht wie er aussieht, stimmt's?" Da nickte Uriel lächelnd und sauste davon.

(1) Der erste König bringt die Gabe des Goldes und ist Herr über die erste Welt „Olam Azilut", die Welt nahe am Ursprung. Das Gold symbolisiert das Urlicht.
(2) Der Wind steht im Symbol für den Geist und kommt aus dem Osten, hebräisch „kedem", was auch Ursprung heißt.
(3) Babel heißt Verwirrung. Der Turmbau zu Babel ist Ausdruck dafür, dass der Mensch glaubt, mit irdischen Mitteln den Himmel erreichen zu können.

Die Ziege

Das Ende dessen zeigt sie an,
was keiner mehr verhindern kann,
der größte Zweifel in der Not,
doch neues Leben folgt auf Tod.

Die Ziege

„Zu Zeiten als die Menschen noch an Träume glaubten, lebte ein Einsiedler ganz allein mit seiner Ziege [1] auf der Anhöhe eines Berges. Er nahm zu sich was Mutter Natur ihm bot und trank die Milch der Ziege mit Wohlgenuss. Beide, sowohl die Ziege als auch er, waren genügsam und kamen mit dem Wenigen was sie hatten zurecht. Sie lebten viele Jahre hoch oben am Berg und begegneten keiner Menschenseele.

Eines Abends zog ein Gewitter auf. Als der Einsiedler seine Ziege angstvoll blöken hörte, ertrug er nicht, dass sie sich so alleine überlassen war und holte sie zu sich ins Zelt. In dieser Nacht plagten den Einsiedler seltsame Träume: Räuber überfielen das kleine Dorf am Fuße seines Berges und plünderten alles, was nicht niet- und nagelfest war. Er versuchte die Botschaft des Traumes zu verstehen. Als er auch in der darauf folgenden Nacht von den Räubern träumte, wurde ihm etwas mulmig zu Mute. Die Räuber sagten deutlich: „Am Zehnten werden wir kommen."
Als sich der Traum zum dritten Mal wiederholte, da wusste er sich keinen Rat mehr. Er holte seine Ziege zu sich, um mit ihr nach Jahren der Einsamkeit den Abstieg ins Tal anzutreten. Er wollte sich vergewissern, dass in dem kleinen Dorf alles mit rechten Dingen zuging.

Als er das Dorf betrat, steckten die Bewohner ihre Köpfe zusammen und tuschelten. „Schon wieder so ein dummes Vieh", hörte er einen von ihnen sagen. Da trat der Einsiedler zu einer Gruppe von Frauen und fragte nach dem Grund ihres merkwürdigen Verhaltens. Eine Frau erzählte: „Vor drei Tagen wurde zu früher Stunde eine tote Ziege im Dorfzentrum gefunden. Die meisten von uns dachten sich nichts dabei, doch der junge Gad [2] - der schon immer etwas sonderbar war - lief nun Tag für Tag durchs Dorf und machte uns alle verrückt. Er verkündete großes Unheil. Er meinte, die Ziege wäre ein Zeichen dafür." Da stockte dem Einsiedler der Atem und schnell fragte er, wo er diesen Jungen finden könne.

Schweigend blickten sich die beiden an, als der Einsiedler dem jungen Gad den Traum erzählt hatte. Und sie entschlossen sich, den Dorfältesten um Rat zu fragen. „Wenn die Ziege auf sonderbare Weise erscheint, weist sie auf den Höhepunkt der materiellen Entwicklung (3) hin, auf die größte Bosheit und Kälte des Menschen und einen baldigen Untergang. Sie werden am zehnten Tag nach dem Tod der Ziege kommen, so wie es der Einsiedler geträumt hat", sagte der Dorfälteste. Denn er war ein weiser Mann.
Und er veranlasste zum Widerwillen der Dorfbewohner - die nicht mehr an Träume und Zeichen glaubten - die Vorbereitungen gegen den Überfall. Am zehnten Tag nach dem Tod der Ziege, saßen alle Dorfbewohner mit Keulen und Besen bewaffnet hinter verschlossenen Türen in ihren Häusern. Lange rührte sich nichts im Dorf. Schon wollten sie ihre Stellungen aufgeben und den Einsiedler mitsamt dem jungen Gad aus dem Dorf vertreiben.

Doch da, um exakt zehn Uhr, stürmten die Räuber mit düsteren Blicken das Dorf. Mutig verteidigten die Dorfbewohner ihr Hab und Gut und schlugen die Räuber in die Flucht. Die Dorfbewohner fielen sich erschöpft und erleichtert in die Arme und sogar diejenigen, die lange Jahre im Streit gelebt hatten, versöhnten sich.
„Du bist der Erlöser unserer Not", sagten sie zum Einsiedler, „wir sind dem Fortschritt so verfallen, dass wir den Zeichen und Träumen keine Bedeutung mehr schenkten ... In Zukunft werden wir wieder mehr auf die Zeichen achten und jenen Gehör schenken, welche sie zu deuten wissen."
Und es war, als ob eine neue Zeit in dem kleinen Dorf angebrochen wäre.

(1) Ziege „gedi" hat den Zahlenwert 17 wie das Wort für GUT „tow".
(2) Der Name Gad steckt im Hebräischen Wort Ziege „gedi".
(3) Wie der Mond bis zu seiner Grenze, dem Vollmond, wächst, so wächst auch die Zahlenreihe bis zur 10 heran. Weiter geht es nicht, es muss ein Wandel kommen.

Die Volkszählung

Mord am kindlichen Gemüte,
ohne Gnade, ohne Güte,
nur berechnender Verstand,
Hochmut, Stolz, ein Haus auf Sand.
Kein Ding dem Zufall überlassen,
nur strenge Zahlen, Schichten, Klassen.

05

Die Volkszählung

Schweigend saß der große Augustus [1] auf einer langen Treppe und war sehr nachdenklich. Düstere Gedanken verfinsterten sein Gemüt.
Währenddessen sprang der kleine Augustus treppauf, treppab und zählte die einzelnen Stufen der langen Treppe, wie es ihm der große Augustus aufgetragen hatte. Doch bald langweilte ihn das sinnlose Zählen und er sah den großen Augustus traurig an. In letzter Zeit hatte er wenig Zeit für ihn. Und wenn, dann musste er andauernd zählen, rechnen, kontrollieren ...

Sie entfernten sich immer weiter voneinander und das starke Band, das einst die beiden miteinander verbunden hatte, wurde brüchig. Der kleine Augustus war nur noch ein fahler Schatten. Doch anstatt sich um ihn zu kümmern, schimpfte ihn der große Augustus: Er sei nicht vernünftig, überlege nicht scharf genug, hätte keine Ordnung ... Bis eines Tages der Moment kam, an dem der kleine Augustus ganz verstummte und kein Schatten von ihm übrig blieb.
„Gut so", meinte der große Augustus kalt, „jetzt kann ich ungestört arbeiten."
Und er wurde ein wichtiger Mann, der in der Führung des Landes viel Einfluss hatte.

Der große Augustus schlief kaum noch. Der Schlaf schien ihm etwas Überflüssiges, Unkontrollierbares. Wie konnte man sich gegen lästige Albträume schützen? Man ist ihnen vollkommen ausgeliefert … So kam der Tag seines glorreichsten Einfalles: Einer Volkszählung. „Wir wollen ganz genau wissen, wie viele wir sind. Durch eine Volkszählung könnten wir uns ein viel besseres Gesamtbild machen. Wir würden sehen, welche Berufe wie oft und welche selten ausgeübt werden."
Und so kam es, dass in jedes Haus Beauftragte kamen und jedermann zählten. Berufe, Herkunft, Zukunftspläne, politische Einstellung und einiges mehr wurde gewissenhaft notiert.

Mit einem hatte Augustus allerdings nicht gerechnet. Einer der Beauftragten kam von den Befragungen zurück und teilte ihm mit, dass es ein Haus außerhalb der Stadt gäbe, indem ein gewisser Ever [2] wohne. Dieser hätte weder einen anständigen Beruf, noch wisse man genau, wie viele in seinem Haus leben würden. Da machte sich Augustus höchst persönlich auf den Weg, das sonderbare Haus aufzusuchen. „Ich werde das schon in Ordnung bringen", meinte er.

Ein dutzend Kinder rannten ihm lachend entgegen und eine schwarze Katze strich um seine Beine. Augustus versuchte die Kinder zu zählen, doch immer kamen neue hinzu und einige verschwanden.

Da trat Ever aus dem Haus und empfing ihn mit den Worten: „Augustus, ich habe dich schon früher erwartet." Augustus war verwundert über diese Worte. Ever fügte hinzu: „Hier kommst du wohl an die Grenze deines Verstandes. Versuche gar nicht, die Kinder zu zählen, es ist zwecklos. Die Kinder sind nicht überschaubar."
Misstrauisch blickte sich Augustus um. Da fiel sein Blick auf einen Hügel mit unzähligen Grabsteinen. Einer, geschmückt mit der Pracht der Natur, fiel durch seinen schönen Glanz besonders auf. Als er an ihn heran trat, las er auf dem Stein die eingravierten Worte [3]:
„Hier ruht das kindliche Gemüt von Augustus".

Da blickte ihn Ever traurig an und sagte: „Bedenke was geschrieben steht, Augustus:
„Wenn ihr nicht werdet wie die Kinder, so könnt ihr das Himmelreich nicht sehen." (Mathäus 18)

Mit kalten Augen blickte Augustus auf die Schrift, doch sein Herz versteinerte sich für alle Zeiten ...

(1) Augustus, der Mehrer, ordnet die Volkszählung an. Er will alles unter Kontrolle haben, unterliegt dem Zwang des Verstandes und tötet damit das kindliche Gemüt.
(2) Ever heißt in Hebräisch „Jenseitig", „von der anderen Seite".
(3) Der Stein steht als Symbol für Vergangenheit, Gegenwart und Zukunft. Was in ihn graviert wurde, ist unauslöschlich verewigt.

Das Kamel

Viele Spuren zeigt der Sand,
auf dem Weg durch dürres Land,
doch welche sollen wir beschreiten,
die der Geliebten, die der Gescheiten?
Schwer die Wahl im Herzen ruht,
falsche Wahl war selten gut ...

06

Das Kamel

In tiefes Rot war der Himmel getaucht als die Morgensonne ihren Weg zum Zenit antrat. Schwarz hob sich das Profil dreier Gestalten vom blutroten Himmel ab, die über die Dünen zogen. Die Stille der Wüste wurde durch ihre Anwesenheit nicht gestört, eher schienen sie ein Teil dieser dürren Einsamkeit zu sein.

Es waren drei Männer, wie sie unterschiedlicher nicht sein könnten, auf ihren drei Kamelen [1]. Der Mittlere hieß Adam. Hoch erhoben saß er zwischen zwei Höckern und ritt zwischen seinen zwei Gefährten, Jakov und Esau [2]. Und als sein Blick über die Dünen der Wüste streifte, da wanderte auch sein Herz über den Sand und seine Seele berührte den Himmel. Wie ein stilles Gespräch ohne Worte [3]. Selbst der Schöpfer antwortete ihm mit einer leichten Brise, die alle Zweifel aus seinem Herzen blies. Die Einsamkeit der Wüste erweckte in jedem Menschen das Bedürfnis nach einem Gespräch mit dem Schöpfer. Und je lebhafter sich dieses Gespräch gestaltete, desto geringer wurde die Einsamkeit.
So zogen alle drei durch die Wüste, wie der Mensch durch das Leben zieht. Und ihre einzigen Begleiter waren drei Kamele, auf deren Rücken sie getragen wurden. Ohne das Kamel wäre eine Reise durch die Wüste nicht denkbar. Es würde einem Leben ohne Entscheidungen gleichkommen. Ohne Entscheidungen wäre das Leben nicht denkbar. Ist es doch die Entscheidung sowie die daraus resultierende Erfahrung, die den Menschen im Leben weiterbringt.

Glückselig kehrte nun die Seele Adams zurück und seine Sinne erwachten wieder für die Welt. „Ein Kamel kann dich tausende von Wüstenkilometern tragen und dann zusammenbrechen und sterben. Erwarte also keine Signale von deinem Kamel. Die Entscheidung, wann eine Rast oder Futter notwendig wird, liegt immer bei dir“, so klangen die Worte des Großvaters in seinen Gedanken. Mit einem Pfiff forderte er seine Gefährten zum Halten auf und ließ sich müde in den sonnenerwärmten Sand nieder. Noch immer wehte eine leichte Brise, die ein Lächeln auf seine Lippen zauberte. Wie eine Katze ließ sich nun auch Jakov mit einer geschmeidigen Bewegung neben ihm nieder. Adam blickte in seine sternenklaren Augen, die von tiefer Weisheit zeugten. Sein Wesen war bescheiden, sein Äußeres schlicht und unauffällig.
So ganz anders als Esau, der angesehene Städtebauer, welcher die Wüste nur als verlorenen Platz sah, auf welchem man große Städte bauen könnte.

Die Leute waren voll Ehrfurcht, wenn er mit lauter Stimme und ausholenden Gebärden von seinen durchdachten Plänen zum vermeintlichen Wohle der Gemeinschaft sprach.
„Wie viele wundervolle Bauten könnten hier stehen, welche architektonischen Wunder oder gar Handelsplätze. Es gäbe Arbeit für viele Männer", gab Esau stirnrunzelnd zu bedenken. Mit ruhiger Miene wandte sich nun Jakov an den aufgebrachten Kameraden: „Mein lieber Freund, wohl wahr sind deine Worte. Doch wenn du erlaubst, so möchte ich eine Alternative vorschlagen, wie es meinem Wesen entspricht. Was könnten alle Städte der Welt dem Menschen geben, wenn er dabei das stille Gespräch in der Wüste verlieren würde? Die Menschen in den Städten bauen Dächer über ihre Köpfe, so dass der Blick zum Himmel verloren geht. Sie ziehen hohe Zäune um ihren Besitz und vergessen, dass alles Hab und Gut nur geborgter Tand ist. Sie leben voller Angst und Habgier bis sie schlussendlich vergessen, worauf es im Leben wirklich ankommt." Mit diesen Worten schloss Jakov seinen Einwand.

Als Esau sich schimpfend und kopfschüttelnd entfernte, blickte ihm Jakov mitfühlend nach. „Es ist nicht leicht", sprach er nun zu Adam gewandt, „seinen Platz in der Welt zu finden und all das aufzugeben, was einem Macht und Anerkennung einbringt. Doch im tiefsten Herzen muss jeder von uns diese Entscheidung treffen ..."

(1) Das Kamel „gamal" ist Symbol für den 3. Buchstaben im hebräischen Alefbeth „gimel". Die 3 steht in der Symbolik für die Entscheidung. Die 3. Frucht ist der Weinstock.Auch hier eine Entscheidung: Heiligung oder Berauschung?

(2) Jakob (hebr. Jakov) und Esau stehen sich wie Körper und Seele gegenüber. Im Wortstamm Jakov ist das Wort „Alternative" enthalten.

(3) Die Wüste „midbar" hat einen engen Bezug zum Wort „medaber", welches sprechen bedeutet.

Josef

In bunten Farben sein Gewand,
in Einheit denkend sein Verstand,
ohne ihn das Heil auf Erden,
weder war noch könnte werden.

07

Josef

Einst wandelte auf der Welt ein Knabe, namens Josef (1), dessen Gestalt von entzückender Schönheit war, dass es die Menschen in Staunen versetzte. Sein Gewand glich dem der Natur, in all ihren wunderbaren Farbnuancen (2). Und wenn man ihn fragte, warum er kein einfarbiges Gewand trage, antwortete er: „Wie könnte ich mich für eine Farbe entscheiden, ohne alle anderen zu beleidigen?" Denn er liebte die Einheit, die alles in sich vereinte. So nannte man ihn Josef, den Andersartigen, denn weder ähnelte er dem Stadtmenschen noch Landbewohner. Merkwürdige Geschichten wurden über ihn erzählt, von denen keiner recht wusste, ob sie der Wahrheit entsprachen oder bloße Erfindung waren. So erzählte einst ein Bauer, er habe Josef im Wald gesehen. Er hätte sich mit einem Wolf (3) unterhalten, gerade so, als ob er zu einem Bruder spräche. Von diesem Tag an, hätte der Wolf kein Schaf mehr gerissen und wurde auch nicht mehr in ihrer Nähe erblickt. Eine arme Bäuerin beteuerte, der Andersartige hätte ihr mehrmals Hinweise gegeben, durch die sich ihre Ernte verdoppelt hätte.

Doch bald kamen böse Stimmen unter den Menschen auf, welche die Andersartigkeit Josefs nicht ertragen konnten. Sie beneideten und fürchteten ihn zugleich, so wie der Mensch sich immer vor dem fürchtet, was er nicht verstehen kann. Und so stellten sie ihm eine Falle und brachten ihn unter falschen Anschuldigungen in ein düsteres Verließ, in die „Stadt der zwei Türme". Sie verbrannten sein fremdartiges Gewand und dachten, wenn sie es nicht mehr sehen müssten, so würde es nicht mehr existieren und das gewohnte Leben könne weitergehen.
Kurze Zeit danach entbrannten die ersten Unruhen im Land und ein Krieg brach aus, furchtbar und unaufhaltsam. Verzweiflung kam über die Bürger der „Stadt der zwei Türme" und als sie sich keinen Rat mehr wussten, da besannen sie sich auf Josef, der noch immer im Verließ gefangen war. In der größten Not erhofften sie sich durch ihn Hilfe. Als sie Josef beschämt von ihrer Not berichteten, sahen sie, dass sein Herz weder Rache noch Vorurteil gegen sie hegte. Da kam große Reue in ihre Herzen und unter Tränen baten sie ihn um Vergebung.
So machte sich Josef auf zu den Heerführern, um deren Absichten zu ergründen. Der Anführer klagte ihm: „Unser Land ist unfruchtbar. Wir essen die Fische der Meere und verfügen über so viel Salz, wie es in 1000 Jahren nicht verzehrt werden kann. Doch das Essen schmeckt eintönig und wir sind der salzigen Fische überdrüssig. Nun wollen wir den Weizen dieser Länder, um unserer Kinder Hunger zu stillen." Josef nickte verständnisvoll und in seinem Geist überschlugen sich die Gedanken. Da blickte er den Anführer aus seinen wachen Augen an und sprach zu ihm:

„Wenn ihr die Länder plündert, so werdet ihr für Jahre Weizen in euren Besitz bringen. Doch dann werden die Lager geleert sein und der Hunger erneut ausbrechen. Das Wissen über den Ackerbau wird verloren gehen, wenn ihr die Menschen hier tötet, und so werdet ihr in einigen Jahren doch alle wieder hungern. Doch ihr, die ihr das Salz der Meere besitzt, könntet eine Vereinigung mit den Menschen dieser Länder beschließen. Und sie werden euch einen Teil ihrer Ernte abtreten, um gesalzenes Brot essen zu können."
Der Anführer willigte in diesen Vorschlag ein, Weizen gegen Salz (4) zu tauschen, und der Krieg wurde beendet. Nun war die Freude groß in der Stadt und die Menschen verbeugten sich vor Josef. Dieser sprach jedoch zu ihnen: „Freunde, durch mich konntet ihr euer einfaches Leben retten und seid nicht dem Tod ausgeliefert. Doch so wahr ich hier stehe, sage ich euch, es wird nach mir noch einer kommen, und dieser wird euch nicht nur vom Tode erretten, sondern euch das ewige Leben bringen. Denn ich bin der 12te, die Vollendung der Zeit, der Monate, doch der, der nach mir kommen wird ist der 13te (5). Er wird euch in eine andere Wirklichkeit führen, die ihr mit dem Verstand nicht fassen könnt. "

(1) Josef wird in Hebräisch gleich geschrieben wie „jasaf" und bedeutet „hinzufügen", es kommt noch einer.
(2) Das Gewand mit allen Farbnuancen weist auf den bunten Mantel Josefs hin.
(3) Benjamin ist der Bruder Josefs und Benjamins Stamm hat als Zeichen den Wolf.
(4) Brot und Salz zusammen ergeben den gleichen Zahlenwert wie Josef (156). Josef bringt Brot (78) und Salz (78) zur Einheit.
(5) Josef ist der Ausdruck der 12. Die 12 als Maß der Zeit ist aber noch keine vollkommene Zahl. Sie verlangt nach dem 13ten, der bis außerhalb dieser Welt geht. Die 12 Stämme Israels werden erst durch den 13. Stamm „Ephraim" vollkommen. Die 12 Jünger sind durch Jeschua, den 13ten, erst vollkommen.

Nazareth im Galil

In starrer Form, im Leib gefangen,
großes Leid und stetes Bangen,
doch der Glaube tief im Herzen,
lindert Ängste, Pein und Schmerzen.

08

Nazareth im Galil

Es saßen zwei Freunde beisammen und unterhielten sich angeregt über das Leben. Sie kamen auch auf das Schicksal zu sprechen und der eine von ihnen meinte, es wäre eine Sache der inneren Haltung, was man aus seinem Schicksal mache. Der zweite von ihnen war jedoch anderer Meinung. Seiner Auffassung nach konnte man nur glücklich sein, wenn einem Gutes im Leben widerfuhr.

So gingen sie geteilter Meinung auseinander und nach nicht all zu langer Zeit wurde der, welcher nicht an den Einfluss der inneren Haltung glaubte, Vater von Zwillingen (1). Er nannte sie David (2) und Schaul (3). Er liebte seine Söhne sehr und schenkte beiden gleich viel Aufmerksamkeit. Sie gingen zur selben Schule, teilten dieselben Freunde und genossen dieselbe Erziehung. Trotzdem erkannte der Vater gewisse Unterschiede zwischen ihnen. „Charaktersache", sagte er sich und beachtete es nicht weiter.
Es kam aber eine Zeit, da bitteres Leid über die beiden Knaben kam (4). Die Mutter der beiden starb im Kindsbett als sie ein kleines Töchterchen gebar. Da war das Wehklagen groß und es dauerte einige Zeit bis wieder ein halbwegs normaler Alltag einkehrte. David kümmerte sich liebevoll um sein kleines Schwesterchen und nannte sie „mein Glück". Als der Vater ihn nach dem Grund dieses Namens fragte, antwortete er: „Mein Glück ist alles, was mir von meiner Mutter geblieben ist. Mutter hat ihr Leben gegeben um ihr das Leben zu schenken. So muss sie doch etwas ganz Besonderes sein."

Schaul kam über den Tod der Mutter nur schwer hinweg. Er gab sich mit seinem Schwesterchen so gut wie gar nicht ab und als der Vater ihn nach dem Grund seines Verhaltens fragte, meinte er: „Sie ist schuld, dass ich meine Mutter verloren habe. Das werde ich ihr niemals verzeihen." Der Vater war entsetzt und traurig über diese Worte. Da erinnerte er sich an die Unterhaltung mit seinem alten Freund und begann an seiner damaligen Auffassung zu zweifeln.

Weitere Jahre zogen ins Land und David wie Schaul begannen eine Lehre als Bäcker. Als Schaul abends müde von der Arbeit heimkam murrte er: „Diese schweren Mehlsäcke, ich kann sie nicht mehr tragen. Schau dir meine Schwielen an den Händen an", dabei streckte er dem Vater die geschundenen Hände entgegen. Der Vater bedauerte das Leid Schauls, doch ermutigte er ihn nicht aufzugeben.
David kam an diesem Abend etwas später von der Arbeit nach Hause. Er hatte dem Bäckermeister die Putzarbeit abgenommen, da dieser eine Verabredung hatte. Der Vater fragte, wie ihm die Arbeit gefiele. Begeistert erzählte David vom herrlichen Duft des Brotes.

Da runzelte der Vater nachdenklich die Stirn und ergriff die Hände Davids. Als er dieselben Schwielen erkannte wie auf Schauls Händen, ließ er sich mit einem Seufzer in den Sessel fallen und murmelte: „Wir alle werden in diese Welt geboren und erfahren viel Leid. Doch wenn wir den Blick zum Himmel richten, können wir das Gute in allem erkennen und das Leben als wunderbar erleben. Wie recht doch mein lieber Freund hatte …"

(1) Galil ist die „bewegende Form", die Körperwerdung, welche bei der Geburt stattfindet.

(2) David kommt vom Wort „Geliebter", er ist die Lebensfreude im Menschen.

(3) Das Wesen Sauls ist die Depression und der Leistungszwang im Menschen.

(4) Nazareth heißt „das Leid in der Form".

Die Herbergssuche

Der holden Gnade öffnet das Tor,
und großer Segen steht euch bevor,
bei dem sie keine Herberg findet,
dessen Glück und Segen schwindet.
Kein Befehl und kein Gehege,
kann bestimmen ihre Wege.

09

Die Herbergssuche

„In diesem Haus ist kein Platz für mich", sagte Chen [1] traurig und verließ mit gesenktem Haupt das Grundstück. Niemand blickte ihr nach. Alle waren froh, dass sie wieder weg war, denn Chen war alles andere als gewöhnlich. Und es missfiel den Menschen, etwas Ungewöhnliches unter sich zu haben, sei es auch noch so liebenswürdig. Es passte nicht in ihr Weltbild. Auch wenn alle Welt von ihr sprach, erkannten sie Chen nicht, wenn sie vor ihnen stand. Sie waren nicht bereit ihr eine Herberge zu geben.

So zog Chen weiter und Tränen standen in ihren tiefgrünen Augen. Nicht, dass sie um ihretwillen geweint hätte, vielmehr bedauerte sie, dass die Menschen gar harte Herzen hatten und nur das akzeptierten, was in ihre Vorstellung passte.
Sie wusste, dass es in dieser Welt viele Plätze gab für sie, nur leider sehr selten bei den Menschen, um derentwillen sie gekommen war. Sie wollte den Menschen etwas geben, doch deren Vernunft ließ es nicht zu. Bei den Tieren und in der Natur, da war immer Platz für sie. Der Ochs und der Esel erlebten ihre Anwesenheit wie ein Geschenk des Himmels.

Eines Tages, nach vielen zwecklosen Versuchen, klopfte sie auch an die Türe von Jochanna [2]. Jochanna lief ein Schaudern über den Rücken als sie die strahlende Schönheit Chens erblickte. Sie wusste nicht, wer sie war, doch sah sie wohl, dass sie ein Obdach suchte und so öffnete sie die Türe weit und hieß sie willkommen. Sie sorgte sich liebevoll um Chen und deckte den Tisch mit dem Wenigen das sie besaß. „Iss nur, du siehst hungrig aus. Für einen mehr wird es auch noch reichen", sprach sie ermutigend und lächelte Chen freundlich zu.

Von diesem Tag an veränderte sich Jochannas Leben. Nach jahrelangem, erfolglosem Hoffen erhielt sie endlich die Gnade, ein Kind zu gebären. Und sie nannte ihren Sohn Jehuda [3]. Ihrem Mann wurde bald darauf eine bessere Arbeit angeboten und er brachte den doppelten Lohn nach Hause. Doch anstatt in Saus und Braus zu leben, behielt er das bescheidene Leben bei und nahm dafür die kranke Großmutter in seinem Hause auf und versorgte sie. Da wurde die Großmutter wie durch ein Wunder wieder gesund und es schien als ob die kleine Familie mit Glück gesegnet wäre, seit Chen bei ihnen Obdach fand.

Als die Nachbarn dies bemerkten, wuchs der Neid in ihren Herzen und bald luden sie Chen zu sich ein „um die kleine Familie zu entlasten", wie sie meinten. Da antwortete Chen: „Siehst du die Wolke dort oben am Himmel?"
„Selbstverständlich, aber was meinst du damit?" fragte die Nachbarin und runzelte die Stirn.

„So wie du dieser Wolke nicht befehlen kannst, dass sie deinen Acker tränkt, so kannst du auch die Gnade nicht bestimmen, wann sie dich heimsuchen soll. Wäre dein Herz nicht so voller Gier, so verschlossen für alles Andersartige, so durch und durch von kausaler Vernunft geprägt, so hättest du mir damals, als ich an deine Türe klopfte eine Herberge gegeben. Und der Segen wäre auch über dich gekommen. Doch nun ist es für dieses Mal zu spät und wenn ich das nächste Mal wieder an deine Türe klopfe, so werde ich in einem anderen Kleid erscheinen, damit du mir nicht aus Berechnung, sondern aus freien Stücken und mit ehrlichem Herzen Eintritt gewährst."

Mit diesen Worten ließ sie die Nachbarin stehen und zog in die nächste Stadt. Ihr Segen jedoch blieb für alle Zeiten bei jenen, die ihr Obdach gewährten.

(1) Chen heißt „Gnade".
(2) Jochanna (Johanna) heißt „der Ewige ist Gnade".
(3) Jehuda heißt „dem Ewigen sei Dank".

Der zweite König

Loderndes Feuer ist die Quelle der Gedanken,
tief im Ursprung gründen ihre Ranken.
Aus der Ewigkeit entsprungen,
werden sie in Form gezwungen,
nachdem sie in die Welt niedersanken.

Der zweite König

Hoch lodert die Flamme des ewigen Feuers [(1)], im Zentrum des Palastes. Dieses Feuer ist die Quelle all unserer Gedanken [(2)] und es brennt unaufhörlich, und wir Menschen schöpfen [(3)] ununterbrochen neue Gedanken aus dieser Quelle. An jenem Feuer sitzt ein König mit einem Weihrauchkessel [(4)] in der Hand und beobachtet Anfang und Ende jedes einzelnen Gedankens. Durch den Weihrauch bleibt sein Geist stets wachsam. Und wenn ihm ein Gedanke besonders wichtig erscheint, so zieht er ihn aus dem ewigen Feuer und wirft ihn ins Wasser, sodass er erstarrt und Form annimmt in unserem Leben. Dieser König ist die Ursache, warum manche Gedanken Wirklichkeit werden und andere nicht. Keiner sollte versuchen ihn zu beeinflussen, egal wie sehr man sich wünscht, dass ein Gedanke Wirklichkeit wird. Denn dieser König kennt alle Geheimnisse der Welt und er weiß ganz genau, welche Gedanken Form annehmen sollen und welche nicht. Aus diesem Grund ist es besser, der Allwissenheit des Königs zu vertrauen, anstatt mürrisch zu werden, weil die eigenen Wünsche nicht in Erfüllung gehen.

Du fragst dich nun, warum ich das alles so genau weiß, nicht wahr? Dann lass mich dir eine Geschichte erzählen, die ich selbst erlebt habe.
„Es ist schon einige Jahre her, da lag ich abends im Bett und die unterschiedlichsten Gedanken zogen durch meinen Kopf. Da kam mir plötzlich der Gedanke: ‚Man müsste doch eigentlich alle Antworten im UR-Gedanken finden können.' Dieser Gedanke gefiel dem König am Feuer so gut, dass er ihn aus dem Feuer zog und ins Wasser warf, sodass er Wirklichkeit wurde. Natürlich wusste ich das damals nicht, mir fiel nur auf, dass der Gedanke mich vollkommen erfüllte und ich an nichts anderes mehr denken konnte als an den UR-Gedanken. Da begann ein Weg, der mich durch insgesamt 32 Stationen [(5)] führte. Und ich erlebte die höchsten Höhen der Erkenntnis und die tiefsten Tiefen des Zweifels. Es wäre sinnlos, hier sämtliche 32 Stationen aufzuzählen. Es würde dir auch nichts helfen, da jeder seine eigenen 32 Stationen gehen muss, die vielleicht komplett verschieden von meinen sind. Doch eines wurde mir im Laufe des Weges bewusst, ich befand mich inmitten der 32 Wege des Herzens, meiner Herzensbildung.

So endete nach langer Zeit mein Weg genau dort, am Feuer des Königs. Ich starrte in die lodernde Flamme und sah den UR-Gedanken der ganzen Schöpfung, der Menschheit, der Tiere ....
Als ich dies sah, da erkannte ich, dass dieser UR-Gedanke tatsächlich die Antwort auf alle meine Fragen war. Der König freute sich über meine Einsicht und lachte herzhaft, während er mir liebevoll übers Haar streifte. ‚Rifka' (6), sprach er schließlich, ‚es wird nun Zeit, dass du wieder in deine Welt zurückkehrst.' Und so stieg ich ins Wasser und sank mit den wichtigen Gedanken langsam hinab auf den Grund der Wirklichkeit, bis ich wieder in meinem Bett lag."
Du glaubst das erlebte ich nur im Tiefschlaf? Dann lebst du in der Medo-Persischen Verbannung, in der wir nur glauben was wir sehen. Doch wenn du einmal ganz still darüber nachdenken würdest, könntest du den herrlichen Duft des Weihrauchs vernehmen. Denn auch über deine Gedanken wacht der ewige König.

(1) Feuer ist das Element der 2. Welt „olam ha bria", die Welt der Schöpfung.
(2) Die 2. Welt ist die Welt der Gedanken.
(3) In der 2. Welt wird geschöpft, was später sichtbar wird.

(4) Weihrauch ist das Symbol für die 2. Welt, den 2. König.
(5) In der 2. Welt beginnen die 32 Wege des Herzens. Sie beinhalten die 22 Buchstaben und die 10 Sephirot (Eigenschaften) des Lebensbaumes.
(6) Rifka (Rebecca) ist die Mutter der 2. Welt.

Bethlechem

Gehst in Bethlechem du ein,
wird Krieg und Kampf dein Leben sein.
Doch innerer Wandel entspringt dem Streben,
bringt Erkenntnis dir im Leben.
So erreichst du Stück um Stück,
durch deine Mühen Freud und Glück.

Bethlechem

Der alte Bäckermeister aus Bethlechem [1] stand wie jeden Morgen an seinem Holztisch in der Küche und knetete den Teig mit hochgekrempelten Ärmeln. Auch nach all den Jahren bereitete ihm seine Arbeit noch immer dieselbe Freude. Er kannte seine Bestimmung, die in seiner Arbeit erfüllt wurde. Die Menschen kamen von weit her, sein Brot zu kaufen, denn man sagte, es wäre das Beste weit und breit. Während er den Teig mit seinen Händen knetete, sprach er zu seinen zwei Gesellen: „Mein Stern hat mich hierher geführt, in die Stadt Bethlechem. Es war kein leichter Weg, doch welcher Weg ist schon leicht? Das Brot im Ofen hat einen ähnlichen Reifungsprozess hinter sich. Ich erinnere mich jeden Tag, wenn ich den Laib in den Ofen schiebe, an mein eigenes Leben." Dann verstummte er und versank in Erinnerungen:

(1) Bethlechem heißt in Hebräisch „Haus des Brotes". Im Wort Bethlechem steckt auch das Wort „milchama", welches Krieg bedeutet. So verstehen wir, wenn es heißt: „Unser täglich Brot gib uns heute" -> Unsere tägliche Auseinandersetzung mit dem Leben.

(2) Der Totalwert 490 von Bethlechem weist auf das Ende der 7 x 7 in der Zehnerreihe hin. Das ganze Leben im 7. Schöpfungstag ist eine Auseinandersetzung. Nach Bethlechem kommt die neue Welt, die 500, welche bereits außerhalb unserer Wahrnehmung liegt.

Entwicklungsweg des Menschen	**Entwicklungsweg des Brotes**
Seine Mutter wurde schwanger und durch den Segen des Ewigen gebar sie einen kräftigen Jungen. Er wuchs zu einem lebensfrohen Kind heran.	*Zur selben Zeit setzten die Bauern den Samen in die Erde und langsam keimte der Weizen aus dem Boden hervor. Die Weizenähren wuchsen der Sonne entgegen.*
Als er das Schulalter erreichte, lernte er mit Eifer und Wissbegierde. Doch dabei verlor er seine innige Verbindung zur Ewigkeit. Eines Tages fühlte er sich wie abgeschnitten von den Erfahrungen, die seine Kindheit wertvoll gemacht hatten.	*Auch die Weizenähren wurden langsam reif. Da kamen die Bauern mit großen Maschinen und schnitten den Weizen von der Erde ab.*
Der Junge erlitt viele Niederlagen, denn zu viel in seinem Wesen wollte die eigenen Wünsche verwirklicht sehen. Das Leben lehrte ihn eines Besseren, daher fühlte er sich vom Leben geschlagen. Allmählich lernte er die wichtigen von den unwichtigen Dingen zu unterscheiden.	*Auch die Ähren hatten ihre Bestimmung. Um den wertvollen Kern der Ähren von der leeren Hülle zu befreien, droschen die Bauern die Weizenähren. Dadurch trennte sich die Spreu vom Weizen.*
Letztlich gab der Junge seine Eigenwilligkeit auf und ordnete sich dem Leben unter, um ein Teil des Ganzen zu werden.	*Der Weizen aber wurde gemahlen und gesiebt, so dass daraus wertvolles Mehl entstand.*
Mit der Zeit machte das Leben den Jungen gefügig und die bald erwachende Liebe schenkte seinem Leben die Würze.	*Dem Mehl wurde Wasser beigefügt, damit es formbar wurde. Das Salz verlieh dem Mehl den würzigen Geschmack.*
Als der Junge bereit war, seine wahre Bestimmung zu erkennen, wurde ein heiliger Mensch aus ihm.	*Auch der Teig musste zuerst in seine Form gebracht werden, damit Brotlaibe aus dem Teig entstehen konnten.*
Die Seele des Jungen wurde geläutert im Feuer des Heiligen Geistes und dieser führte ihn zu seiner Bestimmung, nach Bethlechem.	*Die Brotlaibe wurden in den Ofen geschoben und das Feuer gab ihm seine Bestimmung, sodass es wohl schmeckendes Brot wurde.*

Zu den Gesellen gewandt fügte er seine eigenen Gedanken hinzu: „Je mehr wir an unseren Wünschen festhalten, desto länger dauert der Kampf, das Kneten und das Dreschen. Der Weise weiß, dass er wenig verändern kann. Unser Weg ist von Anfang an vorgegeben und wenn wir wachsam genug sind, so erkennen wir den Stern, der unseren Weg erleuchtet. Der führt uns schlussendlich hierher, nach Bethlechem, wo das Brot zu Hause ist. Wo der Krieg einst sein Ende finden wird und die lang ersehnte Erlösung (2) auf uns wartet."
Die beiden Gesellen blickten ihn nachdenklich an, während der Bäcker mit einem zufriedenen Lächeln das duftende Brot aus dem Ofen zog.

David

Bist du von Liebe ganz erfüllt,
so sein Wesen dich umhüllt.
Und große Freude wird dir sein,
wenn du die Liebe erkennst als dein.

12

David

„Glaubst du an die vollkommene Liebe?“ fragte er und blickte mich aus seinen dunklen Augen an, als ob er die Antwort auf seine Frage in der Tiefe meiner Seele suchen würde. Verunsichert entgegnete ich: „Was bedeutet ‚vollkommene Liebe‘?“ Ohne zu zögern antwortete er, „es bedeutet, alle 3 Stufen der Liebe zu kennen. 1. Die Liebe zum Schöpfer, 2. Die Liebe zu den Menschen und 3. Die Liebe zu deinen Feinden.“ Beim Letzen zog sich mein Magen krampfhaft zusammen. Ohne ein weiteres Wort zu verlieren verließ ich sein Haus, in das ich erst viele Jahre später wieder zurückkehren sollte.

Ich habe mich damals auf den Weg gemacht, die 3 Stufen der Liebe zu erkunden. So versank ich viele Jahre in der Abgeschiedenheit. Die Einsamkeit lehrte mich den inneren Wahnsinn zu überwinden und die Stille ließ mich die Stimme des Schöpfers vernehmen. Der Hunger lehrte mich das Vertrauen, denn immer wenn ich kurz vor dem physischen Hungertod stand, begegnete mir ein Tier oder eine Pflanze und bewahrte mich vor dem Tode. So vertiefte sich allmählich die Liebe und das Vertrauen zum Schöpfer. Und ich wusste mich geliebt.
Als dann die Stimme des Schöpfers mir auftrug, die Abgeschiedenheit zu verlassen und in die Zivilisation zurückzukehren, um die 2. Stufe der Liebe zu erfahren, so tat ich wie er mir befohlen hatte.

Viele Menschen kreuzten meinen Weg und so auch die junge Jochanna [1], deren dunkle Augen mich an seine erinnerten. Ich hätte ihr Onkel [2] sein können, doch eine tiefe Liebe erwachte in uns und bald gebar sie einen Sohn. Nun musste ich erleben, dass die Liebe zu den Menschen noch schwieriger war als die Liebe zum Schöpfer. Denn Besitztum und Eifersucht überschatteten meine Liebe zu Jochanna und lastete schwer auf ihr. Und ich spürte wie sehr ich versuchte meinem Sohn meine eigenen Träume aufzuzwingen. Ich kämpfte gegen einen unsichtbaren Gegner. Und je länger ich gegen ihn ankämpfte, desto mehr erkannte ich mein Fehlverhalten. Bis ich mich schließlich dem Leben hingab, ohne Erwartung, ohne Widerstand. Da verstand ich, dass die Liebe zu den Menschen nur durch die vollkommene Hingabe ohne Erwartung erlebt werden kann.

Durch die Liebe erfüllte sich mein Herz mit immer größerer Lebensfreude [3]. Eines Tages spielte ich mit einigen Freunden Musik. Da wurde das fröhliche Musizieren durch einen Schuss unterbrochen und neben mir sank mein Freund zu Boden. Noch bevor ich verstehen konnte was geschehen war, stand sein Mörder vor mir und richtete seine Waffe auf mich. In diesem Moment gab es keine Liebe mehr und keine Musik, nur einen unfassbaren Blick zwischen zwei Menschen. Doch als ich tief in seine Augen sah, dem sicheren Tod nahe, da erkannte ich in der Tiefe seiner Seele den Schmerz, aber auch die Hoffnung in seinem Herzen, seine tiefsten Sehnsüchte und Träume, und ich empfand die größte Liebe, die ich in meinem Leben je empfunden hatte. Die vom Verstand nicht fassbare, übergeordnete Liebe. Selbst wenn ich jetzt sterben sollte, so hatte sich jede Sekunde dieses Lebens gelohnt, allein, um diese unerklärliche Liebe zu erleben. Aus tiefster Seele sagte ich: „Danke! Du hast mich die höchste Stufe der Liebe gelehrt!"

Dass ich damals überlebte war keineswegs mein Verdienst. Doch eines stand fest, jetzt hatte ich einem bestimmten Menschen zu berichten, was das Leben mich gelehrt hatte ...

So kehrte ich an den Ort zurück, an dem ich einst meine Reise begonnen hatte. „Nun mein Sohn, da du an die vollkommene Liebe glaubst, hast du deinen Namen erfüllt", sagte mein Vater glücklich. Und zum ersten Mal nannte er mich bei meinem wahrhaftigen Namen: „DAVID, der Geliebte [4]."

(1) Jochanna (Johanna) heißt „der Ewige ist Gnade".
(2) David wird im Hebräischen mit denselben Buchstaben geschrieben wie Onkel „dod". In der Überlieferung bezeichnet man den Geliebten immer als Onkel.
(3) Das Wesen Davids ist der Inbegriff der Lebensfreude.
(4) David hat als Wort die „Dudaijm", die Liebesäpfel in sich. Darum nennt man David auch „der Geliebte".

Mirjam

Das Wunder in der Zeit erkenne,
wer ihr die rechte Frage nenne.
Wenn sie im Leben dir erscheint,
wird, was davor getrennt, vereint.

13

Mirjam

Eine leichte Brise streifte Mirjam [1] durchs Haar und mit geschlossenen Augen genoss sie die zarte Berührung. Ein zufriedenes Lächeln lag auf ihrem unschuldigen Gesicht. Als sie ihre Augen öffnete, erblickte sie einen alten Mann, der mit ernster Miene in ihre Richtung blickte. Er musste schon eine ganze Weile beim alten Brunnen auf sie gewartet haben. Schüchtern trat sie an den Brunnen und stellte schweigend den Krug ab, den sie unter dem Arm getragen hatte. Sie blickte in den Brunnen und wartete, bis der Alte sie ansprechen würde. „Bist du Mirjam, von der man erzählt, sie würde Wunder vollbringen?" fragte er sie schließlich. „Nein", antwortete sie leise, „doch wenn ihr die Mirjam meint, die an Wunder glaubt, dann bin ich es."

Seit vielen Jahren kam Mirjam, Tag für Tag, zu dem alten Brunnen. Sie füllte ihren Krug mit Wasser und brachte ihn denen, die nach Wasser verlangten. Sie wusste, dass es den Menschen nicht allein nach dem kühlen Wasser dürstete, sondern mehr noch nach ihren Worten. Mirjam ließ die Hilfe des Ewigen in der Zeit erscheinen. Wenn Zweifel die Menschen überkam, so riefen sie nach Wasser. Doch was Mirjam ihnen brachte, war weit mehr als das. Sie setzte sich an die Betten der Kranken und erzählte ihnen Geschichten aus der anderen Welt. Und in diesen Geschichten erkannten die Menschen die Ursache ihrer Krankheit und erlangten durch Gnade die Erlösung von ihrem Leid.

So stand sie nun mit gesenktem Blick am Brunnen. Der Alte sagte weiter: „Meine Tochter braucht ein Wunder und ich bitte dich um Hilfe."
„Ich bedauere, mein Herr, doch kein Mensch kann Wunder wirken. Ich kann euch nicht helfen." Mit diesen Worten schickte sie den Alten fort. Viele Wochen verstrichen, bis eines Morgens der Alte erneut am Brunnen stand.
„Ich habe nachgedacht", begann er, „natürlich kann der Mensch kein Wunder machen. Doch könntest du mit dem Ewigen sprechen und ihn um ein Wunder bitten?"
Sie schüttelte wortlos den Kopf und erwiderte: „Mein Herr, ihr scheint nicht zu verstehen, dass der Mensch die Wunder nicht bestimmen kann. Wenn eure Tochter ein Wunder braucht, dann wird sie es durch ihre Einsicht erleben." Erneut schickte sie ihn fort. Weitere Monate verstrichen, da saß der Alte erschöpft am Brunnenrand und fragte: „Mirjam, könntest du mir und meiner Tochter Wasser bringen?"

Da hob Mirjam ihren Kopf und zum ersten Mal trafen sich ihre Blicke. Mit einem Lächeln füllte sie ihren Krug und folgte dem Alten zum Haus seiner Tochter Bathschewa (2). An der Wand hing das Bild einer betagten Frau, wahrscheinlich Batschewas Großmutter. Und Mirjam führte ein Zwiegespräch: „Diese Frau auf dem Bild erinnert mich an eine Frau, die ich einst kannte. Sie hatte zeitlebens keine Kinder. Da sie unfruchtbar war, glaubte sie nicht mehr an ihr Glück. Aber des Ewigen Wunder sind groß. Ich habe selber miterlebt wie diese Frau einen Sohn gebar."
Viele Monate nach diesem Zusammentreffen wartete der Alte wieder am Brunnen. „Woher wusstest du, dass meine Tochter unfruchtbar war?" fragte er verwundert. Mirjam antwortete: „Das wusste ich nicht. Das Bild an der Wand hat mich an diese Geschichte erinnert. Und hat eure Tochter nun den Segen empfangen, eine Mutter zu sein?" Der Alte nickte lächelnd.

„Aber warum hast du mich damals nicht gleich begleitet?" wollte er wissen.
Da erwiderte sie: „Solange der Mensch den Ewigen sucht, um ein Wunder zu erleben, wird er ihn nicht finden. Erst wenn der Mensch die entscheidende Frage in sich trägt und es ihn nach Wahrheit dürstet, wird er ihn finden und seine Wunder erleben."

(1) Mirjam (Maria) heißt „das Bittere in der Zweiheit der Zeit".
„Mar" heißt bitter und „jam" ist sowohl das Meer (Wasser) als auch die Zweiheit.
Zeit fließt wie das Wasser, deshalb ist Wasser immer das Symbol für die Zeit.
(In der Wortstruktur „j-m" steckt die Struktur 10 – 40, auf welche die ganze Schöpfung aufgebaut ist: 1 als Geist, 4 als Materie).
(2) Batschewa heißt „ Tochter des 7. Tages", des immerwährenden „Jetzt".

Die Krippe

Wie das Tier gehorcht seinem Herrn,
so steh' es auch dem Menschen fern,
die eigenen Wünsche zu erfüllen,
nur zu spielen mit den Hüllen,
denn nur im Kern liegt sie verborgen,
die Erlösung uns're Morgen.

14

Die Krippe

„Viele Jahre liegen zwischen der Zeit meines Ruhmes und Heute. Wenn ich zurückschaue, so schaudert es mir vor mir selber. Wie gerne würde ich behaupten, dass dieser damalige Mann ein anderer ist ... Aber auch dieser Teil steckt im Menschen und es ist zwecklos ihn abzustreiten.

Nach der Schule studierte ich und schnitt als Jahrgangsbester ab. Ich nutzte meine Intelligenz, um mich in die Chefetagen großer Firmen zu bringen. Ich verfügte über ein hohes Gehalt und fuhr ein teures Auto. Ich glaubte alles erreicht zu haben. Da rückte mein 33. Geburtstag (1) näher. Ich lud niemanden ein, da es mir selbstverständlich schien, dass man meinen Geburtstag wusste. Ich kaufte den teuersten Sekt und so saß ich in meinem besten Anzug auf dem eleganten Ledersofa und wartete auf die Gratulanten.
Als es klingelte überprüfte ich noch einmal die Anzahl der Sitzgelegenheiten und öffnete mit einem überheblichen Grinsen die Türe. Doch anstatt der erwarteten Arbeitskollegen stand eine blasse junge Frau im Flur. ‚Entschuldigen Sie, mir ist etwas Furchtbares passiert', begann sie mit zittriger Stimme, ‚dieses rote Cabriolet vor der Türe, das ist Ihr Auto, sagten mir ihre Nachbarn …' Unsanft schob ich sie zur Seite und rannte die Treppe hinunter zu meinem Auto. Das Gefühl, das mich beim Anblick des Totalschadens überkam, lässt sich in Worten nicht beschreiben. Und als ich später wieder alleine in meiner Wohnung saß, da gestand ich mir ein, dass niemand an meinen Geburtstag gedacht hatte. Ich glaubte diese Enttäuschung am besten mit Sekt zu überstehen und kippte den wohl teuersten Sekt meines Lebens hinunter.

Am nächsten Tag erschien ich nicht im Büro. Dies war jedoch der Tag, an dem ich die Präsentation meines neuesten Projektes hätte vorstellen sollen. Das gesamte Firmengremium kam zusammen und wartete stundenlang vergebens auf mich. Dass ich daraufhin meine Stelle verlor, war zu erwarten. Das Einzige, was mich über dieses Dilemma retten konnte, war der überteuerte Sekt. Ich lag wochenlang in meiner Wohnung im Delirium und vergaß die Welt um mich herum. Irgendwann polterte es an meiner Türe - das Klingeln beachtete ich schon lange nicht mehr - und ein Trupp von Männern drang in meine Wohnung ein. Sie schafften mich aus der Wohnung und ließen mich auf der Straße liegen. Ich dachte, dies wäre wohl der Tiefpunkt meines Lebens. Doch es sollte noch schlimmer kommen. Wohin nun? Mein Stolz ließ es nicht zu, dass mich irgendjemand so sah. Darum versteckte ich mich im Stall eines Bauernhofs. Doch irgendwann bekam ich Hunger und als ich es nicht mehr aushielt, griff ich in die Futterkrippe (2) und aß mit dem Esel.

‚DAS ist der Tiefpunkt meines Lebens', dachte ich, und verspürte den inneren Wunsch zu sterben. Da wehte mir der Wind einen Zettel in die Finger, auf dem geschrieben stand:
‚Es kennt der Ochse seinen Eigentümer, der Esel die Krippe seines Herrn. Israel [3] ***aber kennt mich nicht, mein Volk hat keine Einsicht.'*** ***(Jesaia 1,3)***

In meiner Erinnerung hörte ich die Worte meines Großvater: ‚Die Tiere handeln nach ihrem Instinkt. Sie haben keinen freien Willen, wie wir Menschen. Der Mensch denkt, das Tier wäre ihm unterlegen, doch schau dir die Tiere an. Ohne zu studieren kennen sie ihre Bestimmung. Ein jedes von ihnen weiß, was es zu tun hat. Das Tier kennt seinen Herrn. Es respektiert die Gesetze der Natur. Der Mensch aber, mit seinem Eigenwillen, er hat keine Einsicht. Würde der Mensch den Willen des Vaters tun, er würde die Einsicht haben und seine Bestimmung finden.'

Tränen stiegen mir in die Augen. Mein ganzer Körper bebte, als ich plötzlich erkannte, wie weit ich mich von diesem Bewusstsein entfernt hatte. Ich flehte den Ewigen um Vergebung und weinte über mich.

Mein Leben veränderte sich tiefgreifend ab diesem Tag. Noch heute hängt der Spruch über meinem Bett und erinnert mich täglich, nie wieder so zu leben und zu denken, wie ich es damals tat."

(1) Die Zahl 33 steht symbolisch für die Gefangenschaft in der Form.
(2) Krippe heißt in Hebräisch „ewuss".
Die Krippe ist also das Bewusstsein: „Dein Wille geschehe!" oder „Der Herr ist dein Hirte."
(3) Israel ist „die direkte Verbindung, der direkte Weg zum Ewigen" im Menschen.
Isra oder „ischar" heißt „der gerade, der direkte Weg". „El" ist „der Ewige".

Der Ochse/Stier

Verborgene Welt lenkt seine Kraft,
zerstört, was der Mensch erschafft.

Unbeherrscht und ungehalten,
wird er in deinem Leben walten,
wenn seine Kraft nicht recht gelenkt,
der Mensch nur an Entwicklung denkt.

15

Der Ochse/Stier

In einem Haus am Rande des Waldes wohnte Ephraim (1) mit seiner Frau und seinen Kindern und Kindeskindern. Wohl eng war es in dem Haus und nicht selten laut, denn die Kinder waren mit Temperament gesegnet. Oft schimpfte Ephraim: „Wenn nicht bald Ruhe ist binde ich euch zu dem Stier (2) auf dem Feld." Da schwiegen die Kinder und waren artig, denn sie wussten, dass es dem Vater ernst war.

Die Fruchtbarkeit (3) im Hause Ephraims wurde von den Bewohnern des Dorfes belächelt. Sie schüttelten verständnislos den Kopf, wenn sie über die vielen Kinder sprachen. „Und dann erst die Kühe; jeden Monat gebiert eine", spottete ein alter Bauer, auf dessen Acker nur ein einsamer Ochse stand. Für ihn war das Tier nicht mehr als eine billige Arbeitskraft. Hätte er es vermocht, hätte er ihn sofort gegen eine moderne Maschine eingetauscht. Für ihn galten nur die wissenschaftliche Entwicklung (4) und der Fortschritt. Kinder empfand er als altmodische Einstellung. Ein Kind reichte, so war für einen Erben gesorgt.

Und eben dieser Bauer torkelte eines Nachts von einem Wirtshaus nach Hause und betrat im Rausch sein Grundstück. Das Tor fiel hinter ihm jedoch nicht ins Schloss, sondern blieb ein Stück offen. Gegen Mittag des nächsten Tages kam der alte Bauer langsam wieder zur Besinnung. Als er aufs Feld hinaus lief, stellte er erschrocken fest, dass der Ochse verschwunden war. Da kamen ihm bereits die ersten Dorfbewohner entgegen und beschimpften ihn. „Dein Ochse ist durch meinen Garten getrampelt und hat sämtliche Blumen zerdrückt!" rief die Nachbarin wütend. Ein anderer wetterte, der Ochse hätte den halben Zaun mitgerissen, beim Versuch ihn einzufangen.

Der Kopf des alten Bauern dröhnte noch immer von der vergangenen Nacht und so kam ihm nichts Besseres in den Sinn als Ephraim um Hilfe zu bitten. Bei allem Spott bewunderte er doch insgeheim wie dieser gewaltfrei seine Tiere im Griff hatte. Ephraim willigte sofort ein, ihm zu helfen. Obwohl ihm der Spott des Bauern oft genug zu Ohren gekommen war, grämte er sich nicht. Der Bauer tat ihm eher leid, dass er die Kräfte des Ochsen auf so negative Weise erleben musste, und schlussendlich sich selber Schaden zufügte ...

Nach kurzer Zeit hatten sie den Ochsen aufgespürt. Ephraim legte ihm gekonnt einen Strick um den Hals und führte ihn nach Hause, wo er ihn an einen Pfahl band. Er blickte den Bauern mit ernster Miene an.

„Schau, mein Freund", sagte er zu ihm, „mir ist nicht entgangen, dass du an den Genüssen und dem Fortschritt der Welt Gefallen findest. Wie wir glauben die Kraft des Stieres im Ochsen gebändigt [5] zu haben, sollten wir auch unsere eigenen Triebe beherrschen. Vielleicht überdenkst du deine Faszination am weltlichen Fortschritt, wenn du bedenkst, wie viele Menschen schon ihr Leben ließen durch die Erfindung des Lichts, der Autos, der Flugzeuge, des Stroms, der Maschinen ... Und ist das Leben nicht tausendfach wertvoller als jede angenehme Modernisierung? Der Mensch soll Herr sein über die Kraft des Stieres wie über die Macht des Fortschritts, sonst führt sein Weg in eine ungewisse Zukunft."

Der Bauer erforschte sein Gewissen und erkannte die Wahrheit in Ephraims Worten. Sie wurden Freunde und saßen oft im Kreise der großen Familie beisammen. Der Bauer erwarb einige Kühe, denn er begann zu verstehen, warum es hieß: „Seid fruchtbar und mehret euch".

(1) Ephraim hat als Wortstamm das Wort „par", welches Kuh bedeutet.
(2) Ochse/Stier „schor" ist Ausdruck der Urkraft - „der stoßende Stier"
(3) Im Wort „Rind" (Überbegriff für Kuh, Ochse und Stier) steckt das Wort „par", „Fruchtbarkeit".
(4) In „par" steckt auch das Wort „Entwicklung" (Fortschritt).
(5) Ein Ochse ist ein Stier, dem die Männlichkeit, die Bestimmung, genommen wurde. Seine Kräfte wurden gebunden und beherrscht.

Der Esel

Du, mein Freund, trägst große Last,
ganz ohne Hader, noch mit Rast,
wahrlich Ehrfurcht haben wir,
vor deiner Bürde hier.

16

Der Esel

Gedankenverloren saß der Töpfer vor seiner Scheibe und in seinem Geist formte sich die Vase noch bevor er den feuchten Lehm [1] mit flinken Händen zu formen begann. Mit sanftem Druck bearbeitete er die Erde, bis aus dem Nichts eine Form entstand. Ein Lächeln glitt über sein Gesicht als er die Vase vor sich sah, die er zuvor in Gedanken formte. Dabei dachte er, dass wohl auf ähnliche Weise auch die Welt entstanden sei. Und welch Hochgefühle musste der Schöpfer beim Anblick der erschaffenen Gedanken empfunden haben. „Der Schöpfer ist ein Töpfer", dachte er und lachte über dieses treffende Wortspiel.

Ein lauter Peitschenknall, gefolgt von einem herzzerreißenden Eselschrei, riss den Töpfer aus seiner Vertiefung. Erschrocken blickte er auf und die eben geformte Vase fiel zwischen seinen Fingern in sich zusammen. Schweren Herzens blickte er durchs offene Fenster und beobachtete, wie der unbeherrschte Besitzer des Esels das Tier mit der Peitsche antrieb. Die treuen Dienste des alten Tieres waren für ihn ganz selbstverständlich. Als ob dieser Esel kein Anrecht auf ein anständiges Leben hätte und nur dazu da wäre, die Lasten zu tragen bis ihn die Kräfte verließen. Verständnislos schüttelte der Töpfer den Kopf und wünschte sich insgeheim, diesem respektlosen Treiben ein Ende zu bereiten.

Einige Tage später hörte der Töpfer zufällig, wie der Besitzer des Esels mit dem Schlachter über den Verkauf des Esels sprach. Das Herz des Töpfers zog sich schmerzhaft in seiner Brust zusammen. Er unterbrach das Gespräch der beiden: „Ich bitte um Verzeihung, wenn ich ungefragt das Wort an sie richte, doch wie ich hörte, möchten sie den Esel verkaufen. Wenn ihr seine Dienste nicht mehr benötigt, so möchte ich euch bitten ihn mir zu überlassen."

Der Besitzer blickte ihn aus kalten Augen an und antwortete forsch: „Was wollt ihr mit einem alten Esel? Er taugt nicht mehr zum Arbeiten." Da erwiderte der Töpfer energisch: „Das ist meine Angelegenheit. Nennt mir den Preis und ich hole den Esel noch heute ab." Der Besitzer entschied sich, dem Töpfer den Esel für 248 [2] Silbermünzen zu überlassen. Da borgte sich der Töpfer bei einem reichen Handelsmann das Geld und machte sich am selben Abend auf den Weg, seinen neuen Gefährten nach Hause zu führen.

Als der alte Esel im Stall auf dem frischen Heu lag, striegelte der Töpfer sein Fell und redete mit ihm: „Nun, mein Freund, du treuer Diener des Menschen, deine jahrelange Mühe soll nun entlohnt werden.

Fortan soll dich keine Last mehr drücken, noch eine Peitsche dich knechten." Der Esel blickte ihn aus sanftmütigen Augen an, als ob er seine Worte verstanden hätte.

Viele Wochen vergingen und die beiden wurden gute Freunde. Der Esel erholte sich von Tag zu Tag und sein Fell glänzte wie nie zuvor. Eines Morgens entdeckte der Töpfer, dass der Esel das morsche Holz an einer Stelle des Stalles angebissen hatte. Er fragte sich, was das wohl zu bedeuten hatte und betrachtete den Schaden aus der Nähe. Da erkannte er hinter dem morschen Holz eine kleine Schatulle. Was er in dieser Schatulle fand überstieg all seine Vorstellungskraft. Es lagen exakt 248 Silbermünzen und 153 [3] Goldmünzen darin. Der Töpfer sank auf die Knie und lachte und weinte zugleich. Dann streichelte er dem Esel liebevoll über die Nase und sagte: „Du bist wie unser Körper. Unser ganzes Leben lang trägt er uns und gibt unserer Seele ein Zuhause. Er nimmt soviel Leid auf sich, sogar Krankheiten, nur damit wir lernen zu verstehen. Und so glauben wir, er wäre nur Mittel zum Zweck und vergessen dabei, dass er die Grundlage für alles Erscheinende und alles Leben auf dieser Welt ist."

(1) Das Wort Lehm „chomer" schreibt sich gleich wie Esel „chamor", der Esel ist wie der Lehm, das Material mit dem der Schöpfer die Form des Leibes macht.

(2) Das Wort Esel „chamor" hat den Zahlenwert 248.

(3) 153 ist der Atbasch Wert (der gegenüberliegende Wert) von Esel.

Der dritte König

Aus der Ewigkeit entsprungen,
in die Form vorgedrungen,
durchtränkt von Bitterkeit,
erscheint er in der Zeit.

17

Der dritte König

Weit über den Wipfel des alten Myrrhebaumes (1) reicht die Fontäne (2) des Springbrunnens, der das Zentrum des Palastes schmückt. Ein unerklärliches Geheimnis ruht in seiner Quelle, das nur der König zu lüften vermag. Jeder der seinen Becher an dem Brunnen füllt, beschreibt den Geschmack (3) anders. Dem einen scheint das Wasser süß, dem anderen gar bitter oder salzig.

Die Tochter des Königs, ihr Name ist Lea (4), wollte diesem Geheimnis auf den Grund gehen. Deshalb schickte sie der Vater in die Ferne, dass sie Erkenntnis finde und mit einer Antwort wieder zurückkehre.

Seit dieser Zeit sind drei Jahre vergangen und der alte König vermisst seine Tochter sehr. So ordnet er einem Bediensteten an, vom Harz des Myrrhebaumes zu nehmen und es zu verbrennen. Der bittere Geruch des verbrannten Harzes erfüllt bald die Luft und mit dem Wind wird der Duft durch das ganze Reich getragen. Da steigt Lea der ihr wohlbekannte Duft in die Nase und heftiges Heimweh überkommt sie, sodass sie sich entschließt, noch am selbigen Tag zurückzukehren.
Nach Jahren des Getrenntseins liegen sich die beiden wieder in den Armen und der Vater fragt seine Tochter, was sie gelernt habe.
„Nun, Vater", beginnt sie, „wusstest du, dass viele Engel in deinem Reich zu finden sind?"
„Selbstverständlich, mein Kind. Mein Reich ist auch das Reich der Engel", antwortet er, „hier werden Träume wahr, Gefühle manifestieren sich, Gedanken werden greifbar, alles erhält seine ihm bestimmte Form. Wo wären die Engel besser aufgehoben als hier? Die Engel sind doch die Gedanken des Ewigen, die in die Form herabsteigen um Realität zu werden." Lea nickt nachdenklich bevor sie weiterspricht: „Über das Wasser in unserem Springbrunnen habe ich keine endgültige Antwort erhalten ... Mir wurde bewusst, dass das Geschmacksempfinden, das ein Mensch hat, von seiner Lebenshaltung abhängt. Ich habe zum Beispiel zwei Knaben in Nazareth kennengelernt, die dasselbe Schicksal erlitten und es dennoch ganz unterschiedlich trugen. Was der eine als furchtbar empfand, war für den anderen eine Chance zu neuem Leben. Der eine von ihnen würde das Wasser wohl als bitter, der andere aber als süß beschreiben.

Und ein Bäcker in Bethlechem, der sein Leben als aufregend und spannend empfand, der würde das Wasser bestimmt als salzig beschreiben. Aber eines kann ich nicht verstehen, mein Vater, warum empfinden du und ich gar keinen Geschmack?"
Der König lächelt gerührt, denn seine Tochter ist nun zu der entscheidendsten Frage gelangt. Er antwortet ihr: „Weil wir die Quelle sind, die dem Wasser diese Eigenschaft verleiht. Allein durch unsere Existenz hat der Mensch die Möglichkeit, zwischen seinen Empfindungen zu unterscheiden. Wie ich bereits erwähnte, in meinem Reich werden Träume wahr, Gefühle manifestieren sich, Gedanken werden greifbar. Nur dadurch, dass etwas greifbar wird, erhält es seinen Geschmack. Doch empfinden tut es jeder nach seiner Art."

Und zur Freude des Tages lässt der König ein weiteres Stück Harz vom Myrrhebaum kratzen und wirft es ins Feuer, damit das Bittere, das diese Formwerdung bestimmt, greifbar werde.

(1) Im Wort Myrrhe steckt „mar" das Bittere.
(2) Wasser ist das Element dieser 3. Welt „olam ha yetzira", Welt der Formwerdung.
(3) Der Geschmack ist der Sinn der 3. Welt.
(4) Lea ist die Mutter der 3. Welt.

Herodes

In der Welt aus Schein,
erhält das wahre Sein,
nicht den gebührenden Wert,
wird falscher König verehrt,
und die Lüge wird immer dort sein.

Herodes

Inmitten eines paradiesischen Parks befand sich ein altes Theater. Viele Kinder hatten die alten Gemäuer schon betreten, um sie verändert wieder zu verlassen. Auch jetzt stand eine lange Reihe von Kindern vor der Kasse. Sie redeten und lachten und konnten den Beginn des Schauspiels kaum erwarten. Jeder von ihnen wollte hinein, willig, das Eintrittsgeld von einer Silbermünze [(1)] zu bezahlen. Sobald sie den Einen bezahlt hatten, erhielt jeder von ihnen eine Maske [(2)]. Durch die Maske war ihre Wahrnehmung zwar eingeschränkt, doch das Schauspiel wurde noch viel eindrucksvoller.

Da trat ein kleiner, weiß gekleideter Mann auf die Bühne und das Schauspiel begann. „Willkommen in der Welt des König Herodes [(3)]", begann der kleine Mann, „wir möchten euch nun zeigen, was die Welt des Herodes zu bieten hat ..." Laute Musik ertönte und eine Gruppe auffällig gekleideter Tänzerinnen wirbelte auf die Bühne. Die Kinder klatschten begeistert Beifall. Immer wieder kamen neue Tänzer hinzu, in unterschiedlichste Farben gekleidet, und tanzten wundervolle Figuren. Plötzlich verstummte die Musik und vier grau gekleidete Männer betraten die Bühne. Sie setzten sich um einen runden Tisch und sprachen mit ernster Miene über kluge Dinge. Was man alles tun und ändern könnte, damit die Welt noch besser würde. Die Kinder saßen mit offenen Mündern da und staunten über diese gescheiten Worte. Sie schienen ungemein wichtig zu sein und viele der Kinder versuchten, sich ihre raffinierten Äußerungen zu merken.

Als die Männer wieder verschwanden, schlenderte ein Zauberer auf die Bühne und führte atemberaubende Kunststücke vor, die unfassbare Genialität veranschaulichte. Er ließ zum Beispiel ein künstliches Licht vor den Augen der Zuschauer aufgehen, in dem nicht einmal Feuer brannte! Im Hintergrund der fesselnden Szene stand ein unauffälliger Mann, den niemand beachtete. Die Kinder konnten ihre Augen nicht von dem Zauberer abwenden und vergaßen vor Spannung die Welt um sich herum. Ihre ganze Aufmerksamkeit war nur noch auf das Schauspiel gerichtet.

Da trat der kleine Mann erneut auf die Bühne und setzte seine Rede fort: „Dies sind die Wunder der Welt des König Herodes. Viele von euch werden an diesem Schauspiel Gefallen finden, doch an dieser Stelle muss ich euch leider sagen, dass eben dieser Herodes kein wahrer König ist, sondern durch falsche Machenschaften zum König wurde. Wie vielen von euch ist der unscheinbare Mann im Hintergrund aufgefallen, welcher der wahre König ist? Seht ihr, wie leicht ihr euch von äußerem Glanz blenden lasst? Und durch euer falsches Verstehen erhebt ihr den falschen König auf den Thron!
Der wahrhaftige König macht kein Spiel und kaum einer beachtet ihn deswegen. Darum sage ich euch, lasst euch nicht täuschen von der Überzeugungskraft der Welt des Herodes, sucht nach dem wahren König und ihr werdet ihn finden. Dann verliert dies alles hier seinen Glanz." Und mit einem Schlag war das Licht aus und vollkommene Dunkelheit herrschte im Raum bis die Kerzen wieder brannten, die den Weg in die Freiheit kennzeichneten.
Als ob sie aus einem tiefen Schlaf erwacht seien, schauten sich die Kinder um, während sie ihre Masken vom Gesicht zogen. Und mit langsamen Schritten traten sie wieder ins Freie. Das gleißende Licht der Sonne blendete sie nach der langen Dunkelheit.

„Ein faszinierendes, aber auch beängstigendes Schauspiel, findet ihr nicht auch?" meinte ein Junge an seine Freunde gewandt, die wortlos nickten. „Ich kann nicht verstehen, wie wir so geblendet von diesem falschen Schein sein konnten", wunderte sich kopfschüttelnd ein Mädchen.
„Ja", meinte ein drittes Kind, „und keiner von uns hat den wahren König im Hintergrund beachtet ... "

(1) Um am Theater des Lebens teilzunehmen, müssen wir mit der Einheit (der 1) bezahlen.
(2) Die Maske ist unsere Verkleidung, mit der wir in dieser Welt am Schauspiel teilnehmen. Wir geben vor jemand zu sein, der wir nicht wirklich sind.
(3) Herodes „chordos" kommt vom Wort „chared" zittern, bangen. Es ist die Scheinwelt der Gesellschaft.

Der Engel

Ein froher Bote bringt geschwind,
die Nachricht von dem heiligen Kind.
Wenn er erscheint, in Licht gehüllt,
hat sich die Botschaft schon erfüllt.

19

Der Engel

Das spärliche Licht einer flackernden Kerze erhellte das Lernzimmer des alten Rebbe [1] Elimelech [2] und die Schatten, die das Licht warf, tanzten wie Geister durch den Raum. Der Rebbe blickte mit seinen sanftmütigen Augen in die züngelnde Flamme und ließ seine Gedanken ziehen. Die Flamme sprach vom Leben. Mal flackerte sie hoch hinauf, voller Kraft und Tatendrang, zum Äußersten bereit, dann wiederum zog sie sich beinahe in sich zurück und verbreitete Ruhe und vollkommene Hingabe, bis der nächste Luftzug sie in eine andere Richtung wehte. Sie ließ es mit sich geschehen als ob sie wüsste, dass beides, das Flackern und das Stillstehen, das Tun und das Ruhen ein Teil ihrer Existenz sind [3].

„Der Mensch ist wie diese Kerze", brummte der Rebbe leise durch seinen Bart und ein nachdenkliches Nicken begleitete seine Worte. Da vernahm er ein leises Klopfen, und als sich die Türe knarrend öffnete, trat sein Sohn in den Raum. Als ob er die Gedanken des Vaters ahnte, setzte auch er sich an den runden Tisch und blickte nachdenklich in den Schein der Kerze. Der Vater betrachtete seinen Sohn liebevoll und bemerkte dabei eine Veränderung an ihm.

„Was beschäftigt dich, mein Sohn? Du wirkst sehr nachdenklich", begann der Rebbe das Gespräch. „Ich hatte einen Traum, Vater, der mich sogar im Wachen nicht loslassen will. So hoffte ich, dass ein weises Wort von deinen Lippen mich erhellen könnte", sprach der Sohn. „Du weißt, Vater, ich sehne mich nach einer Frau, die meine Nachkommen im Geiste meiner Väter aufzieht. Doch bei denen, die ich kannte, waren meine Zweifel groß. Wie würde ich erkennen, welche Frau mir der Ewige zugedacht hat? Und so träumte ich in der vergangenen Nacht, dass die bescheidene Elischewa [4], die Tochter des Bäckermeister Mendel [5], vor mir stand. Und wie ich in ihre Augen sah, da strahlte hinter ihr ein helles Licht, das mich erkennen ließ, dass sie die Mutter meiner Kinder sein würde. Dann erwachte ich aus dem Traum und mein Herz war voller Freude. Was sagst du dazu, mein Vater?"

Lange schwieg der Rebbe. Es war, als ob er in eine andere Welt eingetaucht wäre. Da hob der Vater endlich die Augen und sah ihn lächelnd an. „Du bist einem wahrhaftigen Engel des Herrn begegnet. Durch deine Sehnsucht hast du den Engel herbeigerufen, so wie die Hirten auf dem Felde durch ihre Sehnsucht nach Einheit den Engel Gabriel herbeiriefen. Dann erschien der Engel als Bote der anderen Welt, als Bewegung zwischen Himmel und Erde, und verkündete den Hirten, dass ihr Sehnen Gehör fand. Wir erkennen die ‚ewige Kraft' in Gabriel, die ‚Heilung durch den Ewigen' in Raphael, das ‚ewige Licht' in Uriel und die ‚Suche nach dem Ewigen' in Michael. Bringt ein Engel dir eine Botschaft, so ist sie bereits Realität. Denn der Engel heißt „malach", und malochen ist die vollzogene Tat. Nun denn, mein Sohn, geh hin zu deiner Frau und führe sie heim. Meinen Segen hast du."

Der Sohn nickte lächelnd, bedankte sich für die Worte und ließ den Vater allein zurück. Als der Rebbe wieder alleine im Kerzenschein saß, dachte er: „Nun kann ich verstehen, warum mir mein Sohn heute so verändert erschien. Wer einem wahrhaftigen Engel begegnet, wird verändert. Man sagt auch, der Engel habe Flügel, und das Wort für Flügel ist nahe dem Wort ‚Ecke', im Sinne einer Richtungsänderung. Der Weg auf dem wir gekommen sind geht nicht weiter, eine andere Richtung muss eingeschlagen werden. Sonst würde der Engel uns nicht begegnen." Der Rebbe saß noch lange Zeit in Gedanken versunken in seinem Lernzimmer, bis die kleine Flamme zum letzten Mal aufloderte und mit einem Zischen erlosch.

(1) Rebbe bedeutet soviel wie Lehrer.

(2) Elimelech heißt „Der Ewige ist mein König", das Wort König „melech" könnte man auch als Engel „malach" aussprechen.

(3) Das Tun und das Ruhen entsprechen dem 6. und dem 7. Schöpfungstag (Sabbat), an dem man ruht.

(4) Elischewa heißt „Der Ewige ist mein Schwur".

(5) Mendel kommt vom Wort Mandel, die 8. Frucht der zukünftigen Welt.

Die Hirten

Die Hüter unserer Herden,
im Geiste wie auf Erden,
sind die Sehenden der Welt,
unter freiem Himmelszelt.

20

Die Hirten

Es begab sich zu jener Zeit, als es noch üblich war, dass einfache Hirten mit ihren Schafen über die Lande zogen. Da trafen sich drei Hirten - mehr zufällig als geplant - und beschlossen die Nacht gemeinsam zu verbringen.

Der eine von ihnen war noch sehr jung. Er war kaum ein Jahr auf Wanderschaft und verspürte noch immer die erste Liebe in all seinem Tun. Alles schien ihm neu und aufregend. Er hatte es sich zur Gewohnheit gemacht, in jedem Dorf in das er kam einen Menschen zu suchen, der ihm eine Lebensweisheit mitgab. Dadurch konnte er von seiner kurzen Reise schon über allerhand Lebensweisheiten berichten.

Der zweite Hirte war weder jung noch alt. Weder sprach er viel noch wusste er viel. Er verrichtete seine Arbeit mit Hingabe und war glücklich mit dem was er hatte. Die Leute aus dem Dorf seiner Geburt nannten ihn einen Taugenichts. Nicht, dass er so einer gewesen wäre, sie konnten nur nicht verstehen, wie einer so einfach und doch so glücklich sein konnte.

Der dritte unter ihnen war ein betagter Weiser. Seine Schritte waren bedächtig, sein Haupt dem Himmel zugewandt. Wenn er sprach, so leuchteten seine Augen wie Feuer. Und er sprach oft, denn er hatte viel zu erzählen. Doch keine profanen Geschichten verließen seinen weisen Mund, nein, wenn er sprach, berührten seine Worte die Seele seines Zuhörers. Er sprach vom Leben gerade so, als ob alles seinen tieferen Sinn hätte und nichts der Willkür überlassen wäre. Fast vergaßen die Zuhörer ihre Sorgen und Ängste, wenn sie ihn sprechen hörten.

Da saßen also diese drei Hirten um ihr Lagerfeuer. Das Feuer erhellte die Nacht mit einem solchen Licht, wie es viele Menschen im Dorf selbst bei Tag nicht kannten. Jegliche Müdigkeit wich von ihnen, als sie so beieinander saßen, denn ein jeder von ihnen wusste, dass dieses Beisammensein etwas Großes war. Als der Alte gerade eine Erzählung beendet hatte und alle drei in tiefe Gedanken versunken waren, da erschien ein Gedanke des Ewigen, in Form eines Engels und trat ans Feuer. Was dieser Engel den Hirten verkündete, kann nur ein Hirte verstehen.

Die Worte konnten von keinem anderen als den Hirten vernommen noch verstanden werden. Danach verschwand der Engel, genauso wie er erschienen war. Nach einem langen Schweigen wandte sich der junge Hirte an die anderen beiden: „Wie kann es sein, dass der Engel gerade uns erschien, da wir nur einfache Hirten sind?"

Der zweite Hirte lächelte schweigend, während eine Träne über sein Gesicht rollte. Der Alte antwortete schließlich: „Wer könnte die Botschaft vernehmen, wenn nicht wir? Werden wir nicht auch ‚die Sehenden'(1) genannt? Sind wir es doch, die unsere Schafe zur Einheit zusammenhalten und die Dinge in ihrem Wesen zu verstehen versuchen. Die Menschen in den Dörfern glauben nicht an eine Botschaft, aus diesem Grund sind sie auch nicht im Stande sie zu vernehmen."
„Wie kann es aber sein, dass ich so vieles von den Menschen aus den Dörfern gelernt habe, wenn sie die Botschaften nicht verstehen können?" gab der junge Hirte zu bedenken. Da antwortete der Alte: „Auch die Welt besitzt ihre Schönheit und auch aus ihrer Pracht können wir vieles lernen. Um die Worte zu verstehen, bedarf es jedoch ein Hirte zu sein."

Nun verstand der junge Hirte. Und als er sich später zur Ruhe bettete, schlief er mit dem Gedanken ein: Jeder Mensch kann ein Hirte sein. Wenn er seine Herde – seine Erfahrungen, Entscheidungen und Erlebnisse - in Einklang bringt und die Wahrheit liebt …

(1) Hirte heißt in Hebräisch „roe" und wird gleich geschrieben wie „sehen" (die Sehenden).

Die Schafe

Auf sanfte Güte und Vertrauen,
soll der Mensch sein Leben bauen.
Hingebend und voll Liebe,
frei von tierischem Triebe,
soll er stets vorwärts schauen.

21

Die Schafe

Geborgenheit suchend schmiegten sich die Schafe des Nachts aneinander. Zu früher Stunde begrüßte das jüngste Lämmchen die Hirten mit seinem sanften Stimmchen. Die Gelassenheit der Schafe hat den alten Hirten seit jeher beeindruckt. Selbst wenn es ihnen ans Leben ging, ließen sie es schweigend über sich ergehen. Protestlos nahmen sie die Gesetze des Lebens hin, als ob sie über deren tieferen Sinn Bescheid wüssten [(1)]. Die Menschen in den Städten nannten die Schafe deswegen dumm. Der Hirte wusste aber, dass die Schafe keineswegs dumm waren. Denn wie konnten Eigenschaften wie Hingabe, Vertrauen und Sanftmut dumm sein. Vielleicht waren es die Menschen, denen es an Herz und Verstand mangelte, sodass sie den Wert dieser himmlischen Eigenschaften nicht zu erkennen vermochten. Der Hirte malte sich aus wie die Welt aussähe, wenn der Mensch den Eigenschaften der Schafe näher stünde. Wäre ein Mensch mit einem so liebenden Wesen nicht eine Freude für den Schöpfer?

Nicht weit entfernt vom Lager der Hirten lag ein kleines Dörfchen, in dem lebte eine Frau, namens Rachel [(2)]. Von den Bewohnern ihres Dorfes wurde sie nur „die Mutter der Schafe“ genannt. Ihr Herz jubelte, wenn sie diesen Namen hörte, denn sie empfand eine innige Liebe zu diesen liebreizenden Tieren.

Es lag schon einige Jahre zurück, da hatte sich eines ihrer liebsten Schafe an einem Zaun das Beinchen verletzt. Sie versorgte die Wunde mit großer Sorgfalt und Hingabe, doch die Wunde wollte nicht richtig verheilen. Als sie den Tod ihres geliebten Schafes kommen sah, weinte sie bitterlich. Da stieß das Schäfchen sie mit der Nase an, als wollte es sagen: „Kein Grund für Tränen. Wenn ich nun diese Welt verlasse, werde ich in die Nächste übergehen.“ Rachel tröstete sich an diesem Gedanken. So kam der Tag, an dem das Schaf diese Welt verließ und Rachel begrub den leblosen Körper in ihrem Garten unter einem Mandelbaum [(3)].

Drei Tage nach dem Ableben des Schäfchens kam Rachel an seinem Grab vorbei. Staunend erblickte sie das rote Bändchen, welches um sein verletztes Bein gewickelt gewesen war. Es war zu einem aufwendigen Knoten [(4)] gebunden und hing am Ast des Mandelbaumes. Als sie den Knoten aus der Nähe betrachtete, wusste sie, dass kein Mensch dieser Welt einen solchen Knoten hätte binden können. Weder der Anfang noch das Ende waren in ihm zu erkennen. Und Rachel verstand, dass ihr Schaf in eine andere Welt gegangen war, deren Realität man in dieser Welt nicht ergründen konnte. Da lächelte sie selig, während die Tränen über ihr Gesicht kullerten.

All dies lag weit zurück, und als die Hirten am nächsten Tag mit ihren Schafen weiterzogen, kamen sie auch an dem kleinen Dörfchen vorbei. Der junge Hirte wollte im Dorf etwas besorgen und so kam er am Haus von Rachel vorbei.

Als er in ihrem Garten den sonderbaren Knoten am Mandelbaum erblickte, packte ihn die Neugier und er fragte Rachel nach dessen Bedeutung.
Rachel erzählte ihm ausführlich die ganze Geschichte.

Der junge Hirte dachte lange nach über die Worte von Rachel. Mit liebevollem Blick ließ er die Augen über seine Schafe wandern und sprach: „So wie ihr möchte ich sein. Hingebungsvoll, voller Vertrauen und Sicherheit, dass alles was mir im Leben widerfährt zu meinem Besten ist. Das Annehmen von dem, was das Leben einem schickt, ist doch die Grundlage der Liebe. Und die Liebe ist überhaupt der Sinn dieser ganzen Schöpfung …"

(1) Die alten Überlieferungen berichten, dass das Lamm die Grundlage für die Entstehung der Welt ist.
(2) Rachel heißt auch „Mutterschaf".
(3) Die Mandel ist die Frucht des 8. Tages, der zukünftigen Welt.
(4) Der Knoten ohne Anfang und Ende kommt in den unterschiedlichsten Kulturen vor. Die Schnur kann nicht verfolgt werden. Er zeigt uns, dass Ursache und Wirkung nie bis ins Innerste ergründet werden kann.

Hund und Katze

Zwei Wesen voller Gegensätze,
bewachen die himmlischen Schätze.
Wehe dem du kommst mit List,
bist im Herzen Egoist,
und ihnen nicht in Treue ergeben,
wirst du den Himmel nie erleben.

22

Hund und Katze

Wie ein Schatten schlich die schwarze Katze [1] um den alten Baum [2]. Die Wurzel des mächtigen Baumes reichte bis ins Zentrum der Erde und seine Krone berührte mit den Astspitzen den Himmel. Von überall auf der Welt konnte man den gigantischen Baum sehen. Keiner kannte sein genaues Alter, denn noch nie hatte es einer gewagt, eine Axt an ihn zu legen, um die Ringe seiner Zeit zu zählen. Und manch einer wunderte sich über seine sonderbaren Früchte. Denn anders als normale Bäume trug er zweierlei.

Die alten Mythen berichteten Geheimnisvolles über diesen Baum. Es hieß, dass er schon seit Anbeginn der Zeit hier stehe, und würde er absterben, könnte die Welt nicht länger bestehen. Über die beiden Früchte wurde gesagt, dass eine davon den Menschen vergifte, die andere ihn aber heilige. Die Sonderbarste aller Überlieferungen besagte, dass seit jeher zwei Tiere diesen Baum bewachten. Diese beiden wären gerade so alt wie der Baum selber und könnten niemals sterben. Es waren die schwarze Katze und ein Hund [3].

Die schwarze Katze verängstigte so manchen, der sich aus Sensationslust dem Baum zu nähern versuchte. Ihr Wesen war unberechenbar und unmöglich zu bändigen. Aus dem Nichts tauchte sie auf und verschwand auch wieder genauso unauffällig. Es war ohne Zweifel etwas Mystisches an ihr.

Der Hund hingegen war gutherzig und zutraulich. Von vorbei gehenden Wanderern ließ er sich ab und zu streicheln. Manchmal ließ er sich sogar Kunststücke beibringen, denn er hatte einen scharfen Verstand. Doch wehe dem, einer versuchte sich mit einem listigen Gedanken dem Baum zu nähern, sofort wurde er zu einem wilden Tier und verjagte selbst den besten Spielgefährten.

Eines Tages kam ein unauffälliger Bursche des Weges und erblickte den wundervollen Baum. Sein wacher Geist erkannte seine Pracht und sein Herz hüpfte vor Freude. Da die Sagen und Mythen ihm gänzlich unbekannt waren, setzte er sich wie selbstverständlich unter den Baum, lehnte sich an den mächtigen Stamm und blickte überwältigt in die Krone hinauf. Er fühlte sich wie im 7. Himmel [4]. Die schwarze Katze schlich um seine Beine und musterte ihn ganz genau. Als sie seinen reinen Geist erkannte, legte sie sich schnurrend zu seinen Füssen und räkelte sich wohlig. Auch der Hund kam herbei. Als er sein reines Herz und keine bösen Absichten in seinen Gedanken erkannte, legte er sich zu ihm hin und ließ sich den Kopf kraulen. Da ließ der Baum eine reife Frucht in seinen Schoss herabfallen. Der Bursche erkannte dies als ein Geschenk des Himmels und bedankte sich, bevor er in die herrliche Frucht biss. Und wie er die Frucht zerkaute, erfüllte ihn der Segen des alten Baumes und er wurde ein heiliger Mann.

Um die Heiligkeit des alten Baumes zu schützen, behielt er dieses Erlebnis lange Zeit für sich. Nur einmal - an seinem Sterbebett - erzählte er mir diese Geschichte. Mit seinem letzten Atemzug hauchte er: „Die Menschen unserer Zeit haben alles Wissen und jeden Bezug zu dieser Realität verloren. Sie glauben nicht, was sie nicht sehen können. Darum bleibt ihnen das Wunder des Ewigen verborgen. Erzähle den Menschen meine Geschichte, damit sie wieder beginnen nachzudenken." Mit diesen Worten ging er von uns, einer der letzten Gerechten seiner Zeit, und hinterließ uns das Geschenk dieser Erzählung.
Der alte Baum steht noch immer genau dort, im Zentrum der Welt. Und die beiden Tiere wachen wie eh und je über ihn. Doch wer von uns vermag ihn heute noch zu sehen? ...

(1) Die Katze „chatul" ist Ausdruck der Mystik, des Geistes.
(2) Der Baum des Lebens besteht aus 2 Bäumen mit einer gemeinsamen Wurzel.
(3) Der Hund „kelev" ist Ausdruck für den Verstand und das Herz („lev").
(4) Mit dem 7. Himmel meint man das Paradies. Und gerade dort steht auch der Baum des Lebens.

Der Stern

Wenn er erscheint am Himmelszelt,
steht im Wandel deine Welt,
doch führen wird er dich dorthin,
wo sich verbirgt dein Lebenssinn.

23

Der Stern

Weit über ihre Köpfe ragten die Wellen der tobenden See und peitschten gegen den Bug des alten Schiffes [(1)]. Die Befehle des Kapitäns gingen im Getöse des Sturmes unter. Mit durchnässten Kleidern hetzten die Matrosen über Deck und versuchten mit letzter Kraft, das Segel des Schiffes unter Kontrolle zu bringen. Da schoss ein Blitz vom Himmel hernieder und teilte den Mast in zwei Hälften. Das Segel brannte lichterloh und das alte Schiff wurde zur tödlichen Gefahr. Viele der Matrosen erkannten die Situation und seilten sich mit Rettungsboten von dem brennenden Schiff ab. Nicht so der Steuermann, der versuchte noch immer sein Möglichstes, um das alte Schiff zu retten. Doch ein loses Holzstück traf ihn am Hinterkopf, sodass er bewusstlos zu Boden sank.

Lange Zeit war es dunkel um ihn. Er lag in einem traumlosen Schlaf. Als er nun die Augen öffnete, fand er sich in einer anderen Welt wieder. Einer Welt mit zauberhaften Eindrücken, wie er es sich in seinen kühnsten Träumen nicht hätte vorstellen können. Er befand sich in einem tropischen Wald, indem die unterschiedlichsten Tiere frei umher liefen. Ein rauschender Wasserfall in der Nähe vermittelte eine entspannende Atmosphäre, die von fremdartigen Vogelgeräuschen untermalt wurde. Nicht weit von ihm saß eine Gruppe von Menschen. Als sie ihn erblickten, lachten sie erfreut und riefen ihn mit einer Handbewegung zu sich.

„Wo bin ich? Wie komme ich hierher?" fragte er verwirrt. Einer von ihnen antwortete: „Du bist genau da, wo dein Stern [(2)] dich hingeführt hat." Er sah den Mann verwundert an. War es seine mangelhafte Sprachkenntnis oder meinte er wirklich einen Stern? Der Fremde, der die Gedanken des Steuermannes zu erraten schien, erzählte weiter: „Jeder Mensch folgt einem Stern. Es ist der einzigartige Weg mit seinen 42 Stationen, den der Ewige durch den Stern kennzeichnet, damit wir unsere Bestimmung finden", erklärte er. Der Steuermann verzog ungläubig das Gesicht. „Ich habe nie einen Stern gesehen", entgegnete er. Da meinte der Fremde lachend: „Es scheint noch schlimmer zu sein als wir dachten. Du bist ein Mensch der Bilder. Wir sprechen nicht von Bildern, sondern von Symbolen. Der Stern ist dir vor drei Tagen begegnet, als ein Blitz dein Schiff traf und dich zu uns gebracht hat."

„Ich war drei Tage lang bewusstlos?" schrie er erschrocken auf. „Naja, dachtest du, dein Bart wäre über Nacht gewachsen?" neckte ihn der Fremde, und die ganze Gruppe brach in ein ansteckendes Gelächter aus, das die Stille des tropischen Waldes durchbrach. Der Steuermann griff sich ans Kinn und musste nun ebenfalls lachen.

„Na gut," meinte er, „nehmen wir also an, dieser Stern ist mir auf dem Schiff begegnet und hat das Schiff untergehen lassen, wobei ich alles verloren habe, was ich besaß, hat mich bewusstlos geschlagen und mich zu euch geführt. Und jetzt?"

„Jetzt, mein Freund, wo du nichts mehr zu verlieren hast", sprach der Älteste von ihnen, sein Name war Uriel (3), „kann dein wahres Leben beginnen. Der Stern wird dich führen, wohin weiß keiner. Wir können dich nur lehren, den Stern in deinem Leben zu erkennen, folgen muss ihm jeder selbst ..."

Als der Steuermann nachts in einer kleinen Strohhütte (4) lag, blickte er nachdenklich durch das Strohdach in den Sternenhimmel. Leise sprach er: „Auf hoher See führst du uns, genauso wie du uns im Leben führst und uns unseren Lebensweg weist. Nun, da mein Schiff gesunken ist, will ich lernen dir zu folgen." Bevor er einschlief gab er dem Stern dieses Versprechen.

(1) Das Schiff „onja" hat dieselben Buchstaben wie das Wort ICH „ani", das Ego. Bevor das Schiff, also unser Ego, nicht untergeht, können wir den Stern nicht erkennen.

(2) Der Stern heißt „cochav" und hat den Zahlenwert 42. 42 ist auch die Zahl für die Rastplätze bei der Wüstenwanderung (dem Weg durch das Leben).

(3) Uriel heißt „Der Ewige ist mein Licht".

(4) Das Stroh ist das Hohle, Leere. Es erinnert den Menschen, dass das Äußere nur der Schutz dessen ist, was in seinem Inneren liegt.

Der Weg zum vierten König

Erlöse uns von Not und Pein,
durch die Wahrheit deines Sein,
erfülle uns mit deinem Licht,
das die Dunkelheit zerbricht,
und wir sind ewig dein.

Der Weg zum vierten König

„Wenn das helle Licht des Sternes am Himmel unseres Lebens erscheint, können wir sicher sein, dass ein langer Weg beginnt. Doch solange wir dem Stern folgen, haben wir Gewissheit, dass das ersehnte Ziel vor uns liegt. Der Stern führt und begleitet uns ein ganzes Leben lang. Und wenn wir willig sind, ihm zu folgen, erkennen wir ihn. Manchmal als Schicksal. Manchmal als glücklicher Zufall. Manchmal in der menschlichen Begegnung und manchmal als Eingebung. Dieser Stern lebt tief in unseren Herzen, dort, wo die Sehnsucht nach Erlösung ihren Wohnsitz hat.

Sobald wir bereit sind dem Stern zu folgen, beginnt der Weg des ersten Königs, der in der Welt des Geistes aus reinem Gold wohnt. Diese Welt ist genauso wenig sichtbar wie der Stern, und doch gibt es sie, ist sie ein Teil unserer verborgenen Existenz. Und so reitet der König auf seinem Kamel bis zum Rande seiner Welt, die von Hund und Katze bewacht wird. Der erste König überschreitet die Grenze seiner Welt und steigt herab in die zweite Welt, die Welt der Schöpfung, in welcher der Geist der ersten Welt zum Gedanken wird. Hier in der Welt der Schöpfung, der Welt des Weihrauchs, vermengen sich heilige Gedanken mit finsteren Gedanken. Wer aber seinen Geist im heiligen Weihrauch tränkt, wird die einen von den anderen unterscheiden lernen.

Der erste König des Goldes und der zweite König des Weihrauchs steigen gemeinsam hinab in die Tiefe und der Stern leuchtet ihnen voran wie ein Licht in der Finsternis. Bis sie erneut an eine Grenze gelangen. Kein leichter Weg erwartet sie nun, denn die kommende Welt ist geprägt von Bitterkeit. Es ist die dritte Welt der Formwerdung, der Myrrhe. Die Welt, in der die Gedanken und Gefühle der zweiten Welt sichtbar werden. Doch sobald die Dinge erkennbar werden, bringen sie auch Leid mit sich. Ein Leid, das auf Erlösung hofft und wartet. Sobald die beiden Könige die Welt der Myrrhe betreten, wird auch der König der dritten Welt wach und schließt sich den anderen beiden an.

Nun sind alle drei vereint und eine große Geschichte nimmt ihren Lauf. Wenn die drei zusammenkommen, fällt eine wichtige Entscheidung in unserem Leben. Die drei Könige suchen, verlangen nach dem vierten König, dem Erlöser, der ihrer Suche ein Ende bereitet. So führt der Stern die drei weiter in die unterste Welt aller Welten, die vierte Welt, in der die formgewordenen Gedanken zur Tat gelangen.

Die Sphäre des physischen Lebens, die von Illusionen geprägte Scheinwelt des Herodes. Unveränderlichkeit und Angst beherrschen diese Welt. Der kühle, berechnende Intellekt gibt sich als König der vierten Welt aus.

Doch lassen wir uns nicht von den lärmenden Bildern der Scheinwelt täuschen. Denn wir erahnen, dass auch wir keinen Platz in ihr finden. Es existiert für uns keine Herberge in dieser harten, berechnenden Welt. Unsere wahre Heimat finden wir in einer anderen Welt. Wenn wir beginnen dies zu verstehen, sind wir den wachsamen Hirten auf dem Feld gleich und wissen um die Heiligkeit der Eigenschaften ihrer Schafe.
Zu guter Letzt begegnen uns Mirjam und Josef mit dem Esel als Lastenträger. Mirjam überreicht uns das Wasser aus der Quelle des ewigen Lebens. Diese Begegnung ist entscheidend, denn nur Mirjam ist im Stande uns das Wunder einer anderen Welt zu überbringen. Sowie nur die allumfassende Einsicht Josefs uns zum wahren König führen kann. Dann erst, wenn wir all dies in unserem Leben erfahren haben, kann das Wunder aller Wunder geschehen und der wahrhaftige, vierte König geboren werden. In Bethlechem, inmitten der größten Auseinandersetzung mit dem Leben. In der Krippe liegend, welche den Ewigen als Herr anerkennt.

Dann wird auch die 4. Kerze des Kranzes angezündet und der Kreis schließt sich. Und die vier Lichter werden wie die vier Könige, unser Leben bis in die Ewigkeit erhellen."

24

So erzählte der Großvater und seine Enkelkinder lauschten gespannt seiner Geschichte. Es war die Nacht, bevor der vierte König erwachte. Der Großvater hatte diese Zeit schon oft in seinem Leben erlebt. Für die Enkel war sie noch ganz neu und wundersam. Aufgeregt und in freudiger Erwartung rutschten sie auf ihren Stühlen hin und her. „Welche Geschenke werden wir bekommen?" fragten sie. Und seine jüngste Enkeltochter wollte wissen: „ Wie wird es sein, wenn der vierte König geboren ist?"

Auf der anderen Seite der Wirklichkeit stand der vierte König, der Erlöser, vor einem wundersamen Spiegel, durch den er die Erzählung des Großvaters beobachtet hatte. „Wie wundervoll das Leben doch ist", sprach er, „das kindliche Gemüt wartet mit großer Spannung darauf, dass ich erscheine und es bereits im Leben einen Hauch der Ewigkeit erfahren lasse. Voller Freude empfängt der Mensch die Geschenke des Lebens; seine Gaben, Talente und Erlebnisse aus der Wirklichkeit des achten Tages (1). Bin ich einmal in seinem Leben erschienen, kann er meine Anwesenheit in allen Dingen, allen Menschen und in seinem ganzen Leben erkennen. Staunend stellt er fest, dass er mich selten erkannt hatte, als ich ihm zum Beispiel als Bettler begegnet bin. Zu sehr hatte er sich blenden lassen, durch seine falsche Vorstellung von mir. Doch wenn er mich einmal erkannt hat, dann steht er weinend und ehrfurchtvoll vor seinem vergangenen Leben und erkennt staunend den roten Faden, der sich wie ein Sternenschweif durch sein Leben zog. Alles nur, damit er schlussendlich zu mir findet, zur erlösenden Hilfe des Seins (2), wo die Geburt des Ewigen im Menschen stattfindet ..."

Der Großvater erwachte aus seinen Gedanken, als ob er die Worte des vierten Königs vernommen hätte. Deshalb antwortete er seiner Enkeltochter auf die Frage, wie es sei, wenn der vierte König geboren wird: „Dann wird es so sein, als hätte ein Hauch der Ewigkeit dein Leben gestreift."

(1) Der Meschiach wird auch „der Gesalbte" genannt, gesalbt mit dem Öl des achten Tages. Seine Wirklichkeit ist die kommende Welt, der 8. Tag oder, anders ausgedrückt, die Ewigkeit.

(2) Der vierte König wird Jeschua (Jesus) genannt. Im Wort Jeschua steckt das Wort „jescha", welches Rettung, Hilfe und Heil bedeutet. Mit Bezug auf eine Hilfe, die uns aus Gnade von der anderen Seite zukommt.

Nachwort

Vieles ließe sich an dieser Stelle noch schreiben, um das Gesagte zu vollenden. Aber schließlich sind dies nur die Ge-Schichten eines Menschen, der mit seinen einfachen Worten über die wenige Wahrheit spricht, die er erkennen durfte.

Und so kann nie alles ausgesprochen oder erklärt werden. Denn der Mensch ist begrenzt in seiner Wahrnehmung und in seinem Verstehen. Es wird immer nur ein kleiner Bruchteil dessen sein, was hätte gesagt werden können.

Doch das Wichtigste ist, dass die Leser die Absicht der Autoren und deren innige Liebe zum inneren Wort in den Ge-Schichten nachvollziehen und erleben können.

Denn dann können sie spüren, was „Brith Milah"-Beschneidung, heißt: Das frei legen des Kernes, indem das Äußere zurückgedrängt wird. Denn nichts anderes will uns die Beschneidung sagen: Schneide die Äußerlichkeiten in deinem Denken weg, damit der Kern der Wahrheit gefunden werden kann.

Mit diesen Worten endet auch die Krippenerzählung:

„Am achten Tag, als es Zeit war, für seine Brith Milah (Beschneidung), erhielt er den Namen Jeschua, wie ihn der Engel vor seiner Empfängnis gesagt hatte."

(Lukas 2,21)

וכמלאת שמנת ימים להמולו ויקרא שמו ישוע
כשם אשר קרא לו המלאך טרם נוצר בבטן
לוקאס ב`כא

Auch heute noch wird dieses Ritual am 8. Tag vollzogen und soll den Menschen zu allen Zeiten an diese tiefe Wahrheit erinnern. Wobei die körperliche Beschneidung nur mit der Beschneidung in unserem Denken, der Beschneidung des Herzens vollendet ist.

Einer, der sich allein um die Materie und den äußeren Schein kümmert, wird als „Orel", als einer „mit Vorhaut", bezeichnet. Unabhängig davon, ob er körperlich beschnitten ist oder nicht. Ein solcher Mensch kann das Wunder, **die Geburt des Ewigen im Menschen,** weder verstehen noch erleben. Auf Erzählungen über die Ewigkeit reagiert er höchstens mit Aggression.

Wenn du jedoch diese „Orla", die Vorhaut, bei dir am Körper und im Herzen beschneidest, und so das Wesen der Dinge erkennst, so öffnet sich ein Fenster, durch das wir in den achten Tag blicken können.
Vielleicht ihn sogar im Innersten schon erleben können. Dann beginnt für dich eine neue Welt und du erfährst deinen wahren Namen. Durch diesen Namen wird man dich dann erkennen. Doch nicht nur in der begrenzten Zeit hier auf Erden, sondern zu allen Zeiten. Dann erkennst du dich selbst, als Splitter des heiligen Tempels, als Bruchstück der gesamten Ewigkeit.

Namen- und Begriffserklärungen

Abel „hevel“	(Hebr). „Nichts“ - Nichtig für die äußere Welt (Hebr.) „Hauch“, „Dunst“ - der Geist
Anatomie	(Griech.) „Schnitt“ - Lehre über den Aufbau des Körpers
Augustus	(Lat.) „vermehren“, „erhöhen“
Baal Schem Tow	(Hebr.) „Kenner des heiligen Namen“
Babel „bavel“	(Hebr.) „Verwirrung“
Benjamin	(Hebr.) „Sohn der Rechten“ - Sohn (Kind) des Geistes
Beth-lechem (Betlehem)	(Hebr.) „Haus des Brotes“ – Ort der Auseinandersetzung
Chen	(Hebr.) „Gnade“
David	(Hebr.) „Onkel“, der „Geliebte“ - die Lebensfreude
Elimelech	(Hebr.) „Der Ewige ist mein König“
Elischewa (Elisabeth)	(Hebr.) „Der Ewige ist mein Schwur / Eid“
Engel „ma´lach“	(Hebr.) „Zu verrichtende Arbeit“ – der verlängerte Arm des Ewigen
Enosch	(Hebr.) „Leute“ – Verlust des wahren Menschseins /der Individualität
Ephraim	(Hebr.) „Entwicklung in der Dualität“
Esel „chamor“	(Hebr.) „Materie,“ „Lehm“ – unser Körper
Esoterik	(Griech.) „Verinnerlichung“
Ever	(Hebr.) „Jenseits“ - der Jenseitige, Andersdenkende
Fluchen „l´kalel“	(Hebr.) „Leicht“, „leichtgewichtig“ - keinen Wert geben, abwerten
Flügel „kanav“	Symbolisch für die Richtungsänderung
Gabriel „gawriel“	(Hebr.) „Der Ewige ist meine Kraft“
Galil	(Hebr.) Beinhaltet „Rad“ - Die bewegende Form
Gold „sahav“	Symbol des Urlichts
Hahn „tarnegol“	(Hebr.) „Bewegung in der Starre“ Sein Ruf schreckt die Seele aus ihrer Erstarrung auf
Herbergssuche	Das Aufnehmen und Annehmen der Gnade und der Menschen
Herodes „chordos“	(Hebr.) „zittern“, „bangen“ - Der falsche König bangt um seine Herrschaft, wenn der wahre König geboren wird
Hiob „ijov“	Unerschütterlicher Glaube, trotz aller Widersprüche
Hirte „roe“	(Hebr.) „sehen“ - nur ein Sehender erwartet die Erlösung
Holz „ez“	Die formgewordene Zeit, das Erscheinende in der Zeit
Hund „kelev“	(Hebr.) „wie das Herz“ - Herz und Verstand in Einklang
Israel	(Hebr.) „direkt zum Ewigen“ - Der direkte Weg (die Verbindung)
Jakob „ja'akov“	(Hebr.) „Ferse“, „Spur“ – Die Alternative
Jehuda (Jude)	(Hebr.) „Dem Ewigen sei Dank“ – das Loben des Ewigen
Jeschua (Jesus)	(Hebr.) „Rettung“, „Heil“ - Die Hilfe des Ewigen, der 4. König
Jochanan (Johanna)	(Hebr.) „Der Ewige ist Gnade“
Josef	(Hebr.) „hinzufügen“ - Es kommt noch einer, Vollendung der 12
Jungfrau „betula“	(Hebr.) „die Unberührte“ - Ohne Erinnerung an einen Mann
Kain	(Hebr.) Hat den Zahlenwert 160 wie „fallen“ – die Materie, der Körper, das Ruhelose im Menschen, der Jagdtrieb
Kamel „gamal“	(Hebr.) Gleich geschrieben wie der dritte Buchstabe Die Entscheidung, die durch das Leben trägt

Katze „chatul"	Symbolisch für die Mystik, den Geist
Kedem	(Hebr.) „Ursprung", „Osten"
Krippe „ewuss"	Symbolisch für die Hingabe an den Ewigen: „dein Wille geschehe" - Aufgabe des Egos
Krippengeschichte	Erzählung über den Erlösungsweg des Menschen
Lea „la'ah"	(Hebr.) „ermüden", „sich abmühen"
Maschiach (Messias)	(Hebr.) „der Gesalbte"
Michael	(Hebr.) „Wer ist wie der Ewige" – die Suche, die Frage
Mirjam (Maria)	(Hebr.) „Das Bittere der Dualität" - Erscheinen des Ewigen im Leben
Myrrhe „mor"	(Hebr.) „bitter"
Nazareth	(Hebr.) „Leid in der Form"
Ochse / Stier „schor"	Symbol der Urkraft, welche schon vor der Schöpfung da ist
Paradies „gan'eden"	Symbolisch der Dualismus in Harmonie, Einheit
Pargod	(Hebr.) „Vorhang" – die Schwelle zwischen Geist und Materie
Pharisäer „parusch"	(Hebr.) „erklären", „auslegen" – Die Heiligkeit mit irdischen Maßstäben messen, „absondern" - trennen
Philosophie	(Lat.) „Liebe zur Wahrheit" – Sinnsuchende Weltanschauung
Rachel	(Hebr.) „Mutterschaf"
Rafael	(Hebr.) „Die Heilung durch den Ewigen" - Heilwerdung
Rebbe „raw"	(Hebr.) „Lehrer"
Religion	(Lat.) „zurückbinden" – Die Rückbesinnung
Rifka (Rebekka)	Symbolisch für die Verbindung Schaffende
Rind (Ochse, Stier, Kuh) „par"	(Hebr.) „Fruchtbarkeit" - Die Entwicklung
Schaf „keves"	Symbol der Hingabe, des Vertrauens und der Selbstlosigkeit
Schaul (Saul)	(Hebr.) „Unterwelt", „Totenreich" – die Depression, der Leistungszwang, die Opferrolle
Schiff „onja"	(Hebr.) „ich" – das Ego, aufs Schiff gehen - der Egotrip
Shabbat	(Hebr.) beinhaltet „Sieben" und „Sättigung" – die Welt ruht (ist gesättigt) am 7. Schöpfungstag, die Verbindung der Gegensätze
Stein „even"	Symbol der Ewigkeit, des Beständigen - Vergangenheit, Gegenwart und Zukunft
Stern „cochav"	Symbolisch der Führer durch das Leben
Stroh „kasch"	(Hebr.) „hart", „schwierig" – Das Kern(Sinn-)lose ist hart / schwierig
Traum „chalom"	Symbol für das Gleiten in höhere Welten
Uriel	(Hebr.) „Der Ewige ist mein Licht"
Volkszählung	Symbol für die Kontrolle, Übersicht, genaues Berechnen der Tod des kindlichen Gemütes, welches träumen, glauben, vertrauen will
Wasser „maijm"	Symbol für das Fließen der Zeit
Weihrauch „k'toret"	Symbol des Geistes
Wüste „midbar"	(Hebr.) „sprechen" – das Leben ist ein Gespräch, ein Austausch
Zahl 13	(Hebr.) Zahlenwert von „EINS" und „Liebe" - die Vollkommenheit
Zicklein „gedi"	(Hebr.) Zahlenwert 17, der Untergang, der Abschluss / Neubeginn
1. König	Welt des reinen Geistes, 1. Welt „olam azilut"
2. König	Welt der Schöpfung, Sphäre der Gedanken, 2. Welt „olam ha bria"
3. König	Welt der Formwerdung, 3. Welt „olam ha yetzira"
4. König	Welt des Tuns, 4. Welt „olam ha assia", Jeschua (Jesus)

Quellenangabe

Bei der Symbolerklärung der einzelnen Figuren war **die hebräische Sprache** eine der wichtigsten Quellen. Durch die Übersetzung ins Hebräische wurden nicht nur verwandte Worte, sondern auch **die Zahlenwerte** sichtbar. Das Wissen, diese Zahlen und Symbole zu deuten, stammt jedoch aus den alten Überlieferungen.

Die mündliche Überlieferung begegnet uns auf vier Arten:

Halacha	„das Gehen", der Weg, die tägliche Lebenspraxis
Agada	Erzählung, Erklärung, Mitteilung, Belehrung
Midrasch	das Suchen, Untersuchen, Forschen, Erklären, Auslegen
Targum	Umschreibung und Hinweis, in welcher Richtung die Erklärung zu suchen ist

Das Verstehen der Überlieferungen wird ebenfalls in vier Arten unterteilt:

Pschat	die Erklärung
Remes	der Hinweis
Drusch	die Zusammenfassung
Sod	das Geheimnis

Das Verstehen aller vier Arten entspricht dem Zustand „pardes" (Paradies).

Quellennachweis:

Agada ge'ula
Agada Lukas 2,1-21
Agada Mathäus 2,1-12
Gilgul Neschamoth
Jalkut Chadasch
Jalkut Reubini
Jalkut Schimoni
Kommentare von Raschi, Ibn Esra, Redak
Midrasch Hachefez
Midrasch Jonah
Midrasch Rabbah
Midrasch Tanchuma
Midrasch Tehillim
Pirke de-Rabbi Elieser
Schalscheleth Kabbalah
Seder Hadoroth
Seder Olam
Sefer ha-Jaschar
Sohar und die Kommentare
Talmud Bawli

Bibliographie:

Friedrich Weinreb, Schöpfung im Wort, Die Struktur der Bibel in jüdischer Überlieferung, Thauros Verlag, 1994
Friedrich Weinreb, Das Buch Jonah, Der Sinn des Buches Jonah nach der ältesten jüdischen Überlieferung, Verlag Origo, Bern, 2. Auflage, 1986

Es ist unmöglich, alle Quellen jeder Überlieferung anzugeben. Denn häufig werden dieselben Themen an verschiedenen Stellen auf unterschiedliche Weise erklärt. Darum wurden hier nur einige der wichtigsten Quellen der mündlichen Überlieferung aufgelistet.